Somos así LISTOS

Second Edition

Workbook

EMC/Paradigm Publishing, Saint Paul, Minnesota

Photograph page 14: Corbis/Bettman

ISBN 0-8219-1916-4

Published by EMC/Paradigm Publishing
875 Montreal Way
St. Paul, Minnesota 55102
800-328-1452
www.emcp.com
E-mail: educate@emcp.com

Printed in the United States of America
5 6 7 8 9 10 PHX 05 04 03 02

Nombre: ______________________________ Fecha: ______________

CAPÍTULO 1

Lección 1

1 El mundo y la tecnología

¿Qué sabes del mundo de la tecnología? Pon un círculo alrededor de la letra de la frase que completa correctamente cada oración.

1. Yahoo, Altavista, Excite son ________.
   A. computadoras
   B. motores de búsqueda
   C. cuartos de charla

2. Para mandar un documento a un amigo en otra ciudad usas ________.
   A. el fax
   B. el teléfono celular
   C. la arroba

3. Con el ________ podemos llamar a otra persona desde cualquier lugar.
   A. Internet
   B. teléfono celular
   C. e-mail

4. Usamos ________ para enviar cartas por computadora a culaquier país del mundo.
   A. el fax
   B. el cuarto de charla
   C. el correo electrónico

5. Para hacer compras sin salir de casa tienes que ________.
   A. llamar por teléfono celular
   B. escribir un e-mail
   C. navegar en la Internet

6. En todas las direcciones de e-mail hay ________.
   A. una arroba
   B. un fax
   C. una Web

Nombre: ______________________ **Fecha:** ______________

2 Luis Miguel

Luis Miguel Gallego Basteri nace el 19 de abril de 1970 en un hospital de Puerto Rico. Su madre es italiana y su padre es un guitarrista español, pero toda la familia va a vivir a México.

Ya desde pequeño a Luis Miguel le gusta la música y cantar, y empieza a grabar discos desde niño.

A los 20 años ya tiene 7 discos y muchos premios internacionales. En 1992 graba un disco de boleros en México y con él gana 8 discos de platino.

Hoy en día, Luis Miguel es uno de los cantantes latinoamericanos más famosos del mundo.

A. Lee el artículo y contesta las siguientes preguntas.

1. ¿Cómo se llama el cantante?

 ____

2. ¿Cuál es su país de nacimiento?

 ____

3. ¿Cuántos años tiene?

 ____

4. ¿Cuándo es su cumpleaños?

 ____

B. ¿Eres diferente de Luis Miguel? Lee las oraciones sobre Luis Miguel y di si tú también eres así y si haces las mismas cosas. Sigue el modelo.

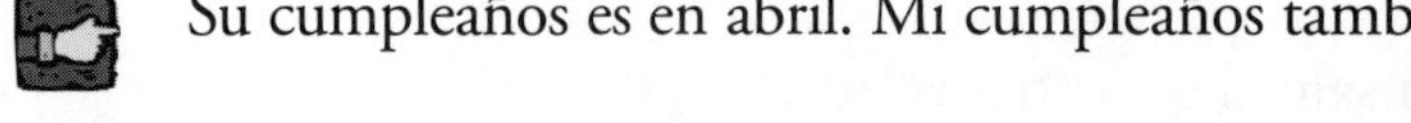
Su cumpleaños es en abril. Mi cumpleaños también es en abril.

1. Él se llama Luis Miguel. ¿Y tú?

 ____

2. Su familia vive en México. ¿Y la tuya?

 ____

3. A Luis Miguel le gusta mucho la música. ¿Y a ti?

 ____

4. Luis Miguel tiene dos hermanos. ¿Y tú?

 ____

Nombre: ____________________ Fecha: ____________

3 Sopa de letras

Encuentra los doce meses del año. Las palabras están organizadas en forma vertical, horizontal, diagonal y también puede estar escritas al revés *(backward)*.

E	E	R	B	M	E	I	V	O	N	O	E
N	R	E	A	P	O	S	T	Y	C	R	V
A	S	R	I	R	L	B	L	A	B	E	M
G	Z	S	E	P	T	I	E	M	B	R	E
O	N	N	M	T	R	O	E	V	P	B	F
S	E	E	E	B	M	I	O	I	N	U	J
T	Z	H	A	T	C	R	L	A	P	T	U
O	J	U	L	I	O	L	D	W	O	C	O
C	E	F	D	F	E	B	R	E	R	O	A

Nombre: ______________________ Fecha: ______________

¿Qué tiempo hace hoy?

Mira el mapa del tiempo y decide si las siguientes oraciones son ciertas (C) o falsas (F). Corrige *(correct)* las oraciones falsas.

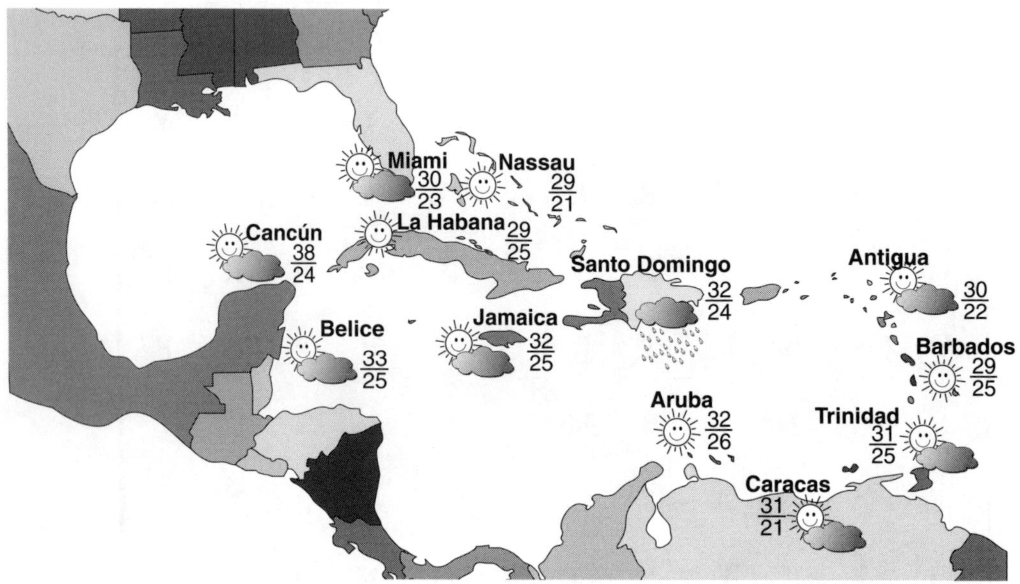

_______ 1. En Santo Domingo hay un aguacero.

____

_______ 2. En Cancún hace 10 °C por el día.

____

_______ 3. En Aruba está nublado.

____

_______ 4. En Miami hace 23 °C en la noche.

____

_______ 5. En Antigua está soleado.

____

Nombre: ______________________ Fecha: ______________

5 Crucigrama

Completa el siguiente crucigrama con el gerundio *(gerund)* de los verbos indicados.

Horizontales	Verticales
3. dormir	1. jugar
6. decir	2. sentir
9. oír	4. traer
10. volver	5. leer
11. aprender	7. ver
12. comer	8. enviar

Nombre: ______________________ Fecha: ______________

6 ¿Qué están haciendo?

Tu amigo(a) te llama por teléfono porque quiere saber qué están haciendo tu familia y tú. Haz oraciones completas, usando el presente progresivo.

Jimena/usar la computadora
Jimena está usando la computadora.

1. papá/enviar un fax a mis tíos

____

2. Pablo y Estela/ver la televisión

____

3. mi hermana/volver de la escuela

____

4. Andrés y yo/oír la radio

____

5. mi abuelo/leer el periódico

____

6. Rita y su amiga/navegar en la Internet

____

7. tú y yo/hablar por teléfono

____

8. mamá/traer la comida

____

9. Mi hermanos/hace amigos en los cuartos de charla

____

Nombre: ______________________________ Fecha: ____________________

7 Siguen y consiguen

Completa las siguientes oraciones con el presente de *conseguir* o de *seguir*, según corresponda. Sigue el modelo.

Todos nosotros seguimos el modelo.

1. Yo ____________________ a Miguel en el carro.
2. María y yo ____________________ a Julia a pie.
3. Mi hermano ____________________ el número de fax de la tienda de computadoras.
4. En Guatemala ____________________ haciendo mal tiempo.
5. Juliana ____________________ la dirección del correo electrónico de Ricky Martin.
6. Mi madre ____________________ hablando por el celular.
7. Nosotros ____________________ buscando un cuarto de charla.
8. Yo ____________________ leyendo el correo electrónico.
9. Ustedes ____________________ la información que necesitan en la Internet.
10. Yo ____________________ una página web en español.
11. Pedro ____________________ a sus hermanos en bicicleta.
12. Tú ____________________ el número de teléfono de Jennifer López.
13. Mi hermana ____________________ haciendo compras, pero esta vez por la Internet.

Nombre: ______________________________ Fecha: ____________________

8 ¿Qué sabes de la contaminación?

Indica si la siguiente información es cierta (C) o (falsa) (F) según la lectura sobre la contaminación ambiental, de la Lección 1 de *Somos así LISTOS.*

________ 1. La contaminación ambiental afecta solamente a los países de habla hispana.

________ 2. Dos factores que contribuyen a la contaminación son el humo y la tala de árboles.

________ 3. Todo el mundo trata de hacer algo por el planeta.

________ 4. Tenemos que usar menos el carro y más la bicicleta, para ayudar a resolver el problema de la contaminación.

________ 5. Si no cuidamos los animales y las plantas, aumenta la contaminación.

9 ¿A qué juegas con el planeta?

Completa el siguiente artículo usando el presente de los verbos entre paréntesis.

Nosotros (seguir) ____________________ pensando que el planeta va a estar así siempre. Pero no es cierto. Con la contaminación y la tala de árboles el planeta (poder) ____________________ morir. Los grupos ecologistas (pedir) ____________________ ayuda a todo el mundo.

Las personas que no cuidan los animales y las plantas, (jugar) ____________________ con la vida del planeta. Si tú (querer) ____________________, también (poder) ____________________ ayudar. Escribe al Club Ecologista. Para ello, tú (enviar) ____________________ tu dirección de e-mail a clubecologista@planeta.com. ¡El planeta (contar) ____________________ contigo!

Nombre: ______________________ Fecha: ______________

10 ¿Qué hacen?

Completa las siguientes oraciones usando el presente de los verbos de la caja, según corresponda. Sigue el modelo.

 Gustavo no puede encontrar la información que busca en la Internet.

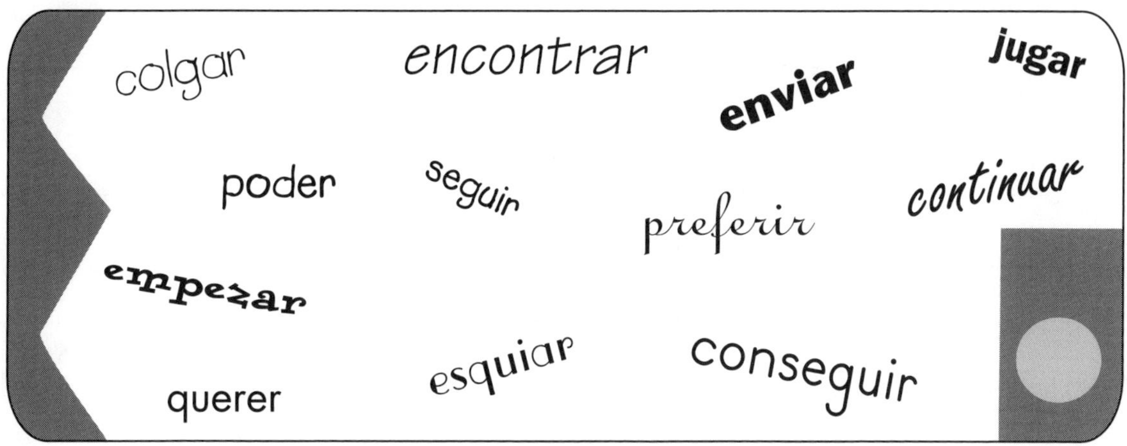

1. Mi madre ____________________ a usar la computadora.
2. Mis hermanos ____________________ navegando en la Internet.
3. Nosotros ____________________ un correo electrónico a Australia.
4. Ustedes ____________________ carteles en el Club de Ecología.
5. Tú ____________________ comprar en la Internet sin salir de casa.
6. Yo ____________________ con videojuegos en la computadora.
7. Luisa ____________________ la página web que necesita.
8. Natalia y tú ____________________ en la montaña.
9. Nosotros ____________________ ayudar a cuidar el planeta.
10. Pablo ____________________ leyendo el libro sobre la Internet.
11. Nuestros amigos ____________________ el teléfono de Luis Miguel.

Nombre: Justin [illegible] **Fecha:** ____________

11 Comparaciones

Escribe comparaciones con la información proporcionada. Sigue el modelo.

> yo/tener/libros/tú (=)
> Yo tengo tantos libros como tú.

1. Emilio/tener/videojuegos/nosotros (+)
   Emilio tiene más videojuegos que nosotros.
2. yo/estudiar/tú (=)
   Yo estudio tanto como tú.
3. ustedes/mirar/televisión/mis hermanos (-)
   Ustedes miran menos televisión que mis hermanos.
4. este motor de búsqueda/ser/rápido/aquél (+)
   Este motor de búsqueda es más rapido que aquél.
5. hoy/yo/tener/correos electrónicos/ayer (-)
   Hoy yo tengo menos correos electrónicos que ayer.
6. Cristina/no navegar en la Internet/tú (=)
   Cristina es tanto no navegar en la Internet como tú
7. Joaquín y yo/escribir/e-mails/Roberto (-)
   Joaquín y yo escribimos menos e-mails que Roberto.
8. Julián/ser/inteligente/Miriam (=)
   Julián es tan inteligente ~~que~~ como Miriam.
9. ellos/colgar/carteles/nosotros (+)
   Ellos cuelgan más carteles que nosotros.
10. María/querer/ayudar/yo (=)
    María quiere ~~ayudar~~ tanto como yo.

Nombre: Justin Hutto Fecha: ______________

12 ¿El mejor o el peor?

Completa las siguientes oraciones con la forma superlativa correcta, según la información entre paréntesis. Sigue el modelo.

(+ bueno) Este restaurante es bueno, pero aquél es el mejor.

1. (+ bueno) Ésta es el mejor película que he visto este año.
2. (+ vieja) Olga es la más vieja de sus hermanas.
3. (+ grande) Este teléfono celular es el más grande de la tienda.
4. (+ joven) Mercedes es la joven de toda su familia.
5. (+ malo) Cuento historias malas muchas veces, pero esta historia es el más peor de todas.
6. (+ guapo) Hay muchos chicos guapos, pero Tomás es el más guapo de toda la clase.
7. (+ joven) Rubén es el ~~menor~~ más joven de la clase: su cumpleaños es el 31 de diciembre.
8. (+ grande) El Titanic fue el barco el más grande de la historia.
9. (+ largo) Este correo eletrónico es el más largo que escribo.
10. (+ rápido) Mi motor de búsqueda es el más rápido de todos.

Nombre: ______________________________ Fecha: ____________________

13 Superlativos

Escribe oraciones con el superlativo, según la información proporcionada. Sigue el modelo.

Olivia tiene 25 años. Juana tiene 23. Marcela tiene 17.
Marcela es la menor de las chicas. Olivia es la mayor de las chicas.

1. Alberto mide 5.2". Javier mide 5.6". Tobías mide 6.0".

   ____

   ____

2. Yo tengo una computadora rápida. Tú tienes una computadora más rápida que yo. Ella tiene una computadora más rápida que la tuya.

   ____

   ____

3. Lisa tiene un perro grande. Ricardo tiene un perro más grande. Tú tienes un perro pequeño.

   ____

   ____

14 Tu correo electrónico

Escribe un correo electrónico a un(a) amigo(a). Explícale qué estás haciendo, cuándo y para qué usas la tecnología de hoy, etc.

____

____

____

____

____

____

____

____

____

____

____

Nombre: ______________________________ Fecha: ______________________

Lección 2

1 Periódicos del mundo hispano

¿De dónde es cada periódico? Empareja los periódicos con su país de origen.

________ 1. El Heraldo	A. Argentina
________ 2. El Mundo	B. Paraguay
________ 3. El Clarín	C. Colombia
________ 4. La Nación	D. México
________ 5. Última Hora	E. Puerto Rico
________ 6. El Nacional	F. Costa Rica
________ 7. El Nuevo Día	G. España
________ 8. El Excelsior	H. Venezuela

Nombre: ______________________ **Fecha:** ______________

2 ¿Qué hicieron?

Escribe oraciones en el pretérito, diciendo qué hicieron las siguientes personas. Sigue el modelo.

Gabriel García Márquez/recibir el premio Nobel de Literatura
Gabriel García Márquez recibió el premio Nobel de Literatura.

1. Frida Kahlo/pintar *(to paint)* muchos cuadros
   Frida Kahlo pintó muchos cuadros.
2. Miguel de Cervantes/escribir *Don Quijote de la Mancha*
   Miguel de Cervantes escribió Don Quijote de la Manch
3. José Ferrer/ganar un Oscar
   José Ferrer ganó un Oscar.
4. Pablo Casals/tocar el violoncelo
   Pablo Casals tocó el violoncelo.
5. Plácido Domingo/cantar *El Barbero de Sevilla*
   Plácido Domingo cantó El Barbero de Sevilla.
6. Cantinflas/actuar en muchas películas
   Cantinflas actuó en muchas películas.
7. Cristóbal Colón/llegar a América
   Cristóbal Colón llegó

Nombre: ______________________ Fecha: ______________

3 Ellos, también

Escribe otra vez las siguientes oraciones, cambiando las palabras en itálica por las palabras entre paréntesis. Haz los cambios necesarios. Sigue el modelo.

Yo fui al cine Avenida. (nosotros)
Nosotros fuimos al cine Avenida.

1. *Mis hermanos* comieron pizza ayer. (Julia y tú)

   ____

2. *Roberto* bailó toda la noche. (yo)

   ____

3. *Tú* buscaste los libros en la biblioteca. (ellos)

   ____

4. *Yo* vi a Ricky Martin en un concierto. (Cecilia)

   ____

5. *Antonio y Lola* tuvieron que irse temprano. (nosotros)

   ____

6. *Ricardo y tú* durmieron muy bien después del partido. (yo)

   ____

7. *Luisa* cocinó arroz amarillo para todos. (tú)

   ____

8. *Ellas* hablaron por teléfono durante dos horas. (tú y yo)

   ____

Nombre: ______________________________ Fecha: ____________________

4 Una postal desde Perú

Completa los espacios en blanco de esta postal con la forma apropiada del pretérito de los verbos entre paréntesis.

29 Septiembre

Querida Violeta:

Ayer (estar) ____________________ en Cuzco. Me (gustar) ____________________ mucho. (Ser) ____________________ muy interesante porque (visitar) ____________________ muchos lugares importantes. Mis primos también (venir) ____________________ conmigo. Todos juntos (hacer) ____________________ una excursión a Machu Picchu. Mi hermano me (decir) ____________________ que vas a venir a pasar unos días con nosotros. ¡Yo ya (empezar) ____________________ a hacer planes!

Cariños de Pati

____

____

____

____

____

Nombre: ______________________ Fecha: ______________

5 ¿Qué hiciste las vacaciones pasadas?

¿Hiciste muchas cosas durante tus vacaciones? Contesta las siguientes preguntas, usando oraciones completas.

1. ¿Adónde fuiste en tus vacaciones?

2. ¿Qué hiciste allí?

3. ¿Leíste algún libro interesante? ¿Cuál?

4. ¿Viste alguna película buena? ¿Cuál?

5. ¿Visitaste a algún amigo(a)? ¿A quién?

6. ¿Escribiste alguna carta o postal? ¿A quién?

7. ¿Compraste alguna cosa nueva? ¿Qué?

8. ¿Te divertiste mucho? ¿Por qué?

Nombre: ______________________________ Fecha: ____________________

6 Ayuda en la casa

Joaquín está pasando unos días en casa de su amigo Diego. Hoy quieren darle una sorpresa a la mamá de Diego y deciden arreglar toda la casa. Completa el diálogo con los complementos directos apropiados.

JOAQUÍN: La casa está un poco sucia. ¿Por qué no (1) ________ limpiamos?

DIEGO: Buena idea. ¿(2) ________ puedes ayudar a sacar la aspiradora del armario?

JOAQUÍN: Sí, ahora mismo(3) ________ ayudo. ¿Quieres que (4) ________ pase yo o prefieres que yo haga las camas?

DIEGO: Tú pasa la aspiradora. Las camas ya (5) ________ hago yo.

JOAQUÍN: También podemos colgar los abrigos.

DIEGO: Sí, yo (6) ________ cuelgo. Y tú puedes lavar la ropa.

JOAQUÍN: Muy bien. Yo (7) ________ lavo. Luego, entre los dos, ordenamos el cuarto.

(Llega la mamá de Diego.)

MAMÁ: ¡Qué ordenado y limpio está el cuarto!

JOAQUÍN: (8) ________ordenamos Diego y yo.

MAMÁ: ¡Y la ropa está lavada!

DIEGO: Sí, (9) ________ lavó Joaquín. Los abrigos (10) ________ colgué yo. Y ahora tú, ¿(11)________ invitas al cine?

MAMÁ: Naturalmente que (12) ________ invito. ¡Y los refrescos también (13) ________ pago yo!

Nombre: ______________________ Fecha: ______________

7 ¿Cuándo vas a acabarlo?

Contesta las siguientes preguntas de dos maneras. Sigue el modelo.

¿Cuándo vas a comprar los libros?
Los voy a comprar esta tarde.
Voy a comprarlos esta tarde.

1. ¿Cuándo vas a leer la novela?

2. ¿Cuándo vas a visitar a tus primos?

3. ¿Cuándo vas a llamar al profesor?

4. ¿Cuándo vas a comprar las flores?

5. ¿Cuándo vas a preparar la fiesta?

6. ¿Cuándo nos vas a invitar a comer?

7. ¿Cuándo vas a limpiar los platos?

8. ¿Cuándo vas a terminar este ejercicio?

Nombre: Justin Hutton Fecha: ____________________

8 En la cocina

Completa las siguientes oraciones con el pronombre indirecto apropiado.

1. A mí __me__ gusta mucho cocinar.
2. Yo __les__ preparo la cena a mis hermanos.
3. Yo __le__ digo a Jorge que tiene que poner la mesa.
4. No __le__ pongo mucho aceite a la ensalada.
5. Tampoco __les__ pongo mucha sal a las papas.
6. A mis padres __les__ gusta la comida que preparo yo.
7. Ellos __me__ dicen que soy un gran chef.
8. Después de comer, mamá __nos__ compra helado a todos nosotros.
9. A mí __me__ gusta el helado de chocolate.
10. ¿Qué helado __te__ gusta a ti?

Nombre: ______________________ Fecha: ______________

9 Un(a) "ayudante" muy rápido(a)

Imagina que tu abuela está enferma y tú la estás cuidando *(taking care)*. Ahora tu mamá llama y te pregunta si hiciste algunas cosas para tu abuela. Contesta sus preguntas en forma afirmativa. Sigue el modelo.

¿Le hiciste la cama?
Sí, acabo de hacérsela.

1. ¿Le preparaste una sopa de pollo?

   ____

2. ¿Le lavaste la ropa?

   ____

3. ¿Le compraste el periódico?

   ____

4. ¿Le leíste las cartas?

   ____

5. ¿Le barriste la cocina?

   ____

6. ¿Le limpiaste el cuarto?

   ____

7. ¿Le sacaste a caminar a los perros?

   ____

8. ¿Le preparaste un jugo de naranja?

   ____

9. ¿Le cerraste las ventanas?

   ____

10. ¿Le trajiste flores ?

   ____

Nombre: ______________________________ Fecha: ______________________

10 Sopa de letras

Encuentra seis palabras negativas. Las palabras están organizadas en forma vertical, horizontal, diagonal y también pueden estar escritas al revés. Después escribe una oración con cada una de ellas.

Z	W	N	O	N	I	E
T	L	V	R	A	I	H
A	I	V	A	D	O	T
M	J	F	A	A	K	P
P	E	N	C	B	S	G
O	D	N	U	N	C	A
C	M	Q	O	A	R	F
O	X	Y	U	E	U	T

1. ______________________________

____

2. ______________________________

____

3. ______________________________

____

4. ______________________________

____

5. ______________________________

____

6. ______________________________

____

Nombre: ______________________________ Fecha: ______________________

11 La respuesta correcta

Escribe la letra de la respuesta de la columna de la derecha, que conteste lógicamente la pregunta de la izquierda.

_________ 1. ¿Ya lavaste los platos?

_________ 2. ¿Viste a alguien famoso en la fiesta?

_________ 3. ¿Te gustan las manzanas?

_________ 4. Pablo no quiere ir al restaurante. ¿Y tú?

_________ 5. ¿Tienes libros de cocina?

_________ 6. ¿Fuiste a Colombia alguna vez?

_________ 7. Hoy estás cocinando. ¿Siempre cocinas tú en tu casa?

_________ 8. ¿Llamó alguien por teléfono?

A. Tampoco.

B. No, casi nunca.

C. No, todavía no.

D. Sí, algunos.

E. No, nadie.

F. No, prefiero las fresas.

G. No, nunca fui.

H. No, a nadie.

Nombre: ______________________ Fecha: ______________

12 El fin de semana pasado...

Escribe uno o dos párrafos explicando lo que hiciste el fin de semana pasado. ¿Dónde estuviste? ¿A quién viste? ¿Qué hiciste? ¿Cón quién hablaste por teléfono?

Nombre: ______________________ Fecha: ______________

CAPÍTULO 2

Lección 3

1 La vida diaria de Serafín

Mira los dibujos y completa las siguientes oraciones, usando las palabras de la caja.

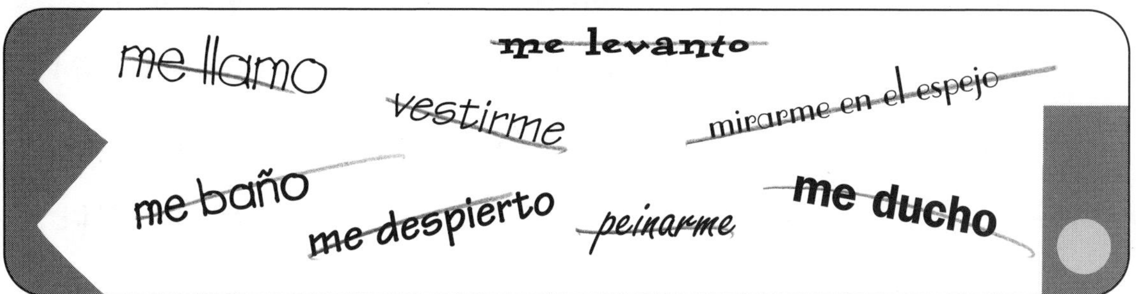

Hola. (1) ______________ Serafín Galbán. Como soy muy perezoso, los fines de semana (2) ______________ tarde, aunque los días de escuela (3) ______________ a las siete de la mañana.

Cuando tengo tiempo (4) ______________ pero generalmente (5) ______________ en cinco minutos y luego voy a mi cuarto para (6) ______________.

Finalmente, antes de salir, vuelvo al cuarto de baño para (7) ______________ y (8) ______________.

Nombre: ______________________ Fecha: ______________________

2 Ciudades con nombres en español

A. Mira la lista de ciudades de los Estados Unidos y pon un círculo alrededor de los nombres de origen español.

Louisville, KT	El Reno, OK	Milwaukee, WI
Santa Clara, CA	Gainesville, FL	Pueblo, CO
Versailles, MO	Walla Walla, WA	La Grande, OR
Boca Ratón, FL	Las Vegas, NV	Las Cruces, NM
Boston, MA	Amarillo, TX	El Paso, TX
Hoboken, NJ	El Dorado, AR	Midvale, UT
Punta Gorda, FL	Kewanee, IL	Socorro, NM

B. Ahora busca en un mapa de los Estados Unidos otros nombres de origen español. Pueden ser otras ciudades, ríos, montañas, etc. y escríbelos abajo.

Nombre: Justin [signature] Fecha: ____________

3 ¡Vamos a la boda!

Todos en casa se preparan para ir a la boda de una prima. Completa las oraciones con el pronombre reflexivo apropiado o el complemento indirecto *le*, según los dibujos.

 Papá se afeita.

1. Nosotras __nos__ maquillamos.

2. Mis hermanos __se__ visten.

3. Mi mamá __le__ lava el pelo a mi hermanito.

4. Yo __me__ cepillo el pelo.

5. Mi abuela __se__ baña.

6. Tú __le__ pones el abrigo.

Nombre: ______________________ Fecha: ______________

4 ¿Qué están haciendo?

Imagina que tu tía llama por teléfono. Tú le dices lo que las siguientes personas están haciendo. Escribe las siguientes oraciones de una forma diferente. Sigue el modelo.

Pepe se está bañando.
Pepe está bañándose.

1. Yo me estoy vistiendo para ir al parque.

____

2. Mamá se está poniendo una chaqueta.

____

3. Mis hermanos se están duchando.

____

4. Papá se está poniendo el abrigo.

____

5. Carlota se está maquillando.

____

6. Felipe se está afeitando.

____

7. Luisa se está duchando.

____

8. Todos nosotros nos estamos preparando para salir.

____

Nombre: Justin [illegible] Fecha: ______________

5 ¿Reflexivo o no?

Completa las siguientes oraciones con el verbo correcto para cada situación.

María *(peina/se peina)* peina a su hermana pequeña todos los días.

1. José Luis *(cepilla/se cepilla)* cepilla los zapatos de su padre.
2. Marta *(baña/se baña)* se baña los sábados por la mañana.
3. Mis hermanos *(despiertan/se despiertan)* se despiertan muy temprano.
4. Mi madre *(despierta/se despierta)* despierta a mi padre a las 6:00 de la mañana.
5. Claudia *(maquilla/se maquilla)* maquilla muy bien a sus amigas.
6. Miguel *(llama/se llama)* llama a su hermano "Nano".
7. Tú *(duchas/te duchas)* te duchas con agua fría.
8. Roberto *(mira/se mira)* mira la televisión.
9. Yo *(lavo/me lavo)* lavo los platos después de la cena.
10. Nosotros *(sentamos/nos sentamos)* nos sentamos cerca de la pizarra.

6 Un paseo especial

Completa el siguiente párrafo usando el pretérito de los verbos entre paréntesis.

El otro día mi amigo Jaime (1) ______________ (prepararse) para ir de paseo. Primero, (2) se levanta (levantarse) más temprano de lo normal. Fue al cuarto de baño y (3) se baña (bañarse) durante más de una hora. Después (4) se afeita (afeitarse) y (5) se peina el pelo. (peinarse). Para vestirse, (6) se pone (ponerse) la camisa nueva y unos pantalones muy elegantes. ¿Todo eso para ir de paseo? Y es que Jaime iba de paseo con Miriam. Estaba un poco nervioso. Fueron al parque San Bartolomé y (7) ______________ (quedarse) hasta las 8:00. Entonces, Jaime (8) se calma (calmarse) un poco.

Nombre: ______________________ **Fecha:** ______________

7 ¿Cómo se vive en España?

Escribe de nuevo las siguientes oraciones usando una construcción con *se*.

La gente trabaja mucho.
Se trabaja mucho.

1. La gente come la comida principal entre las dos y las tres de la tarde.

   ____

2. Generalmente, la gente deja de trabajar o de estudiar para ir a comer a casa.

   ____

3. Después de la comida, la gente vuelve al trabajo o a la escuela.

   ____

4. Los estudiantes no salen hasta las cinco o las seis de la tarde.

   ____

5. Normalmente, la gente trabaja hasta las siete o las ocho de la tarde.

   ____

8 Se necesita...

Haz los letreros *(signs)* para un salón de belleza. Escribe oraciones con *se*. Sigue el modelo.

Abrimos a las 9 de la mañana.
Se abre a las 9 de la mañana.

1. Necesitamos recepcionista.

   ____

2. Vendemos champús.

   ____

3. Hablamos español, inglés y francés.

   ____

4. Cerramos los sábados por la tarde y los domingos.

   ____

5. Aceptamos cheques y tarjetas de crédito.

   ____

Nombre: ______________________ Fecha: ______________

9 Crucigrama

Haz el siguiente crucigrama con las cosas que puedes encontrar en un cuarto de baño.

Horizontales

2. Me lavo la cara en el ______.
6. El agua del lavabo sale del ______.
7. La ______ se usa para bañarse.
8. Debajo del brazo te pones ______.
9. Te cepillas el pelo con un ______.
10. Te lavas el pelo con ______.
11. Para ver cómo estás te miras en el ______.
12. Para secarte usas una ______.

Verticales

1. Para maquillarte necesitas ______.
3. En un cuarto de baño hay un lavabo, una ducha, una tina y un ______.
4. Para peinarte usas un ______.
5. Te lavas las manos con agua y ______.
8. Usas una ______ para ducharte.
9. Para afeitarse se usa ______ de afeitar.

Nombre: Justin Statton Fecha: ____________

10 ¿Qué ves en el cuarto de baño?

Observa con atención el dibujo y escribe el nombre de los objetos numerados.

1. la taalla
2. el espejo
3. latina
4. el fregadero o lava manos
5. el cepillo
6. el champú
7. el inodoro
8. la ducha
9. el jabón
10. el grifo

11 De compras

Imagina que quieres arreglar el cuarto de baño y vas a una tienda a comprar todo lo que necesitas. Completa los siguientes mini diálogos usando la forma correcta de los pronombres demostrativos *éste* y *aquél*.

—¿Quiere usted estos cepillos?
—No, quiero aquéllos que están allá.

1. —¿Le gusta este lavabo rosa?
   —No, me gusta más ____________________ blanco.
2. —¿Quiere comprar aquellos peines?
   —No, quiero comprar ____________________ de aquí.
3. —Esta crema de afeitar cuesta 4 dólares.
   —¿Y ____________________ de allí?
4. —Aquella tina es muy bonita.
   —Y ____________________ de aquí, ¿cuánto cuesta?
5. —¿Quiere ver estos peines?
   —Sí, y también quiero ver ____________________ de allí.
6. —¿Se lleva este grifo?
   —No, prefiero ____________________ de allá.
7. —Aquellas toallas son muy bonitas.
   —Sí, pero ____________________ de aquí son más baratas.
8. —¿Quiere ver aquel jabón?
   —No, ____________________ que veo aquí me gusta más.

Nombre: ______________________________ Fecha: ____________________

12 Tu rutina diaria

Escribe dos párrafos comparando tus actividades diarias durante los días de escuela y durante las vacaciones. ¿A qué hora te levantas? ¿A qué hora te acuestas? ¿Te bañas o te duchas? ¿Por la mañana o por la noche? ¿Te ves con tu familia y tus amigos todos los días?

Lección 4

1 El anuncio del hospital

Lee el anuncio de este hospital y contesta las siguientes preguntas.

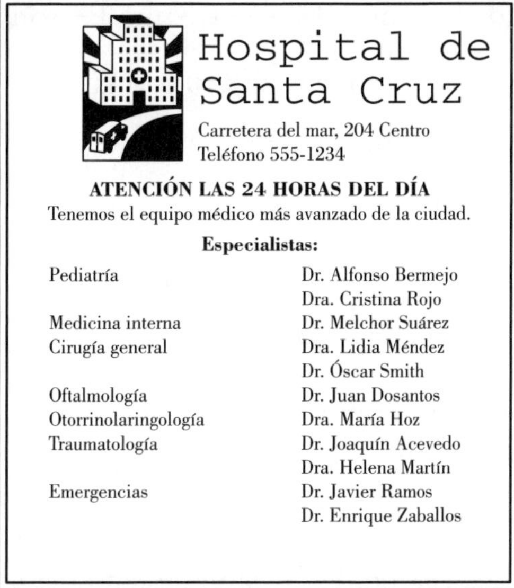

Hospital de Santa Cruz

Carretera del mar, 204 Centro
Teléfono 555-1234

ATENCIÓN LAS 24 HORAS DEL DÍA

Tenemos el equipo médico más avanzado de la ciudad.

Especialistas:

Pediatría	Dr. Alfonso Bermejo
	Dra. Cristina Rojo
Medicina interna	Dr. Melchor Suárez
Cirugía general	Dra. Lidia Méndez
	Dr. Óscar Smith
Oftalmología	Dr. Juan Dosantos
Otorrinolaringología	Dra. María Hoz
Traumatología	Dr. Joaquín Acevedo
	Dra. Helena Martín
Emergencias	Dr. Javier Ramos
	Dr. Enrique Zaballos

1. ¿Cuál es el nombre del hospital?

____

2. ¿Qué horario de atención tiene el hospital?

____

3. ¿Cuántos médicos trabajan en el hospital?

____

4. ¿Quiénes son los especialistas de emergencias?

____

5. ¿Puedes ir al hospital a las 5:00 A.M.? ¿Por qué?

____

6. ¿Cuándo vas tú al médico?

____

7. Cuando tienes la gripe, ¿cuántos días te quedas en casa generalmente?

____

Nombre: ______________________________ **Fecha:** ____________________

2 Hispanos en los Estados Unidos

Lee las siguientes oraciones sobre *Aquí se habla español* de la Lección 4 de *Somos así LISTOS* y escribe si son ciertas (C) o falsas (F).

________ 1. Hay pocos hispanohablantes en los Estados Unidos.

________ 2. Algunas ciudades, como Miami y Santa Fe, son un 50% hispanas.

________ 3. No hay periódicos hispanos en California.

________ 4. En zonas de gran influencia hispana, hay programas de radio y de televisión en español.

________ 5. Hay un 15% de hispanos en Los Ángeles y un 10% en Nueva York.

________ 6. Tienes que ser bilingüe para trabajar en un restaurante.

________ 7. Ser bilingüe es importante en muchos trabajos.

3 Sopa de letras

Encuentra catorce partes del cuerpo. Las palabras están organizadas en forma vertical, horizontal, diagonal y también pueden estar escritas al revés.

M	A	N	O	Ñ	G	P	F	D	E
Q	E	B	E	L	D	E	D	O	C
C	E	J	A	O	H	S	O	Z	U
T	I	B	I	Y	I	T	J	I	B
B	I	N	C	L	A	A	O	R	W
O	R	A	T	Z	L	Ñ	X	A	N
C	D	E	S	U	K	A	U	N	A
A	I	B	J	F	R	E	N	T	E
P	C	A	B	E	Z	A	V	L	M

4 Las partes del cuerpo

A. Identifica las partes de la cabeza. Escribe los nombres apropiados en los espacios en blanco. Incluye los artículos.

1. ____________________
2. ____________________
3. ____________________
4. ____________________
5. ____________________
6. ____________________
7. ____________________
8. ____________________

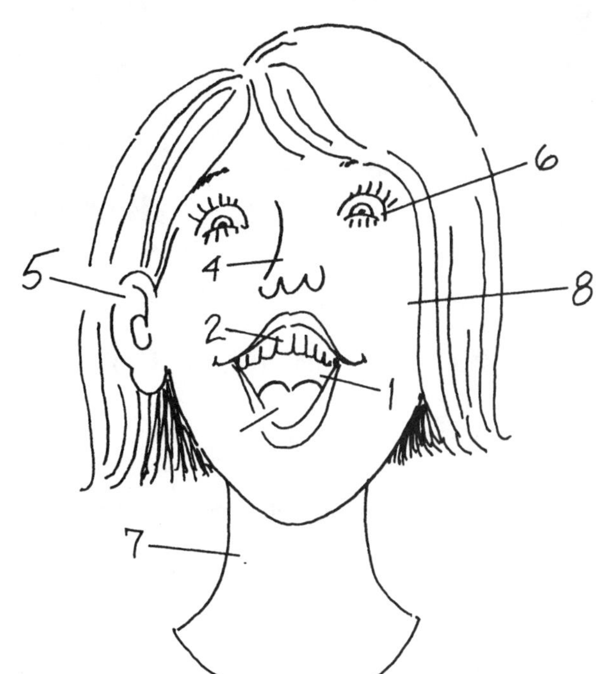

B. Completa las siguientes oraciones con la parte del cuerpo apropiada.

1. Para tocar las cosas usas ____________________.
2. Vemos con ____________________.
3. Para caminar usas ____________________.
4. Para comer usas ____________________.
5. Usas un peine para peinarte ____________________.
6. El pelo, la boca y los ojos están en ____________________.
7. Oímos con ____________________.

Nombre: ______________________ Fecha: ______________

5 En el médico

Imagina que estás en la oficina de la doctora Morales. Completa el siguiente diálogo con las palabras de la caja.

sientes	duele	corazón
boca	gripe	garganta
cansado	lengua	resfriado
	siéntate	

DRA. MORALES: Hola, Juanito. ¿Cómo te ______________ hoy?

JUANITO: Me siento ______________. Me ______________ todo el cuerpo. Creo que tengo un ______________.

DRA. MORALES: ______________ aquí.

JUANITO: También me duele la ______________ cuando hablo.

DRA. MORALES: Abre la ______________, saca la ______________ y di "aaa".

JUANITO: Aaa.

DRA. MORALES: Ahora voy a oír tu ______________.

JUANITO: ¿Estoy muy mal?

DRA. MORALES: No, pero no es un resfriado. Tienes la ______________. Necesitas descansar unos días en cama.

¿Preguntas o te preguntas?

A. Completa las siguientes oraciones con el verbo apropiado, según el contexto.

María *(duerme/se duerme)* ____________________ ocho horas al día.

1. Ignacio *(pregunta/se pregunta)* ____________________ a su profesor cuál es la tarea para mañana.
2. Mercedes llama a su casa antes de *(ir/irse)* ____________________ de la fiesta.
3. Mis hermanos *(comen/se comen)* ____________________ toda la pizza.
4. Mi amiga *(pregunta/se pregunta)* ____________________ qué va a estudiar en la universidad.
5. Roberta va a *(ir/irse)* ____________________ al médico.
6. Federico *(lleva/se lleva)* ____________________ muy bien con sus amigos.
7. Tú, generalmente, no *(duermes/te duermes)* ____________________ en la clase de historia.
8. Nosotros *(comemos/nos comemos)* ____________________ a las siete de la tarde.
9. Yo *(llevo/me llevo)* ____________________ a mi hermanita al médico.
10. Ustedes *(preguntan/se preguntan)* ____________________ cuánto cuestan las manzanas.

B. Escribe cuatro oraciones. En dos usa dos de los verbos de arriba en reflexivo, y en las otras dos, los mismos verbos en su forma no reflexiva.

1. ____

____

2. ____

____

3. ____

____

4. ____

____

Nombre: ______________________ Fecha: ______________

 ¡No te equivoques!

Completa las siguientes oraciones usando la forma apropiada del presente de los verbos entre paréntesis. Recuerda usar el pronombre reflexivo correcto.

1. Los sábados por la mañana, mis amigos y yo (reunirse) ______________ en la piscina.
2. Susana (broncearse) ______________ en la playa todos los veranos.
3. Lorenzo y Diego (equivocarse) ______________ de clase.
4. Yo no (acostumbrarse) ______________ a levantarme temprano.
5. Ustedes siempre (olvidarse) ______________ del cumpleaños de su mamá.
6. Hoy tú no (sentirse) ______________ bien.
7. Ramón (despedirse) ______________ antes de irse.
8. Pepe (caerse) ______________ a la piscina.

¿Qué te duele?

Completa las siguientes oraciones usando la forma correcta del verbo *doler*, según lo que ves en los dibujos. Sigue el modelo.

 A Alberto le duele la cabeza.

1. A mis hermanos ______________ ______________.
2. A mi padre ______________ ______________.

Nombre: ______________________________ Fecha: ____________________

3. A mí ______________________

______________________________.

4. A ti ______________________

______________________________.

5. A Fernando ______________________

______________________________.

6. A la abuela ______________________

______________________________.

7. A mis amigas ______________________

______________________________.

8. A ustedes ______________________

______________________________.

Nombre: ______________________ Fecha: ______________

9 ¿Te parece difícil?

Completa el siguiente diálogo con la forma apropiada de los verbos de la lista. Incluye los pronombres apropiados. Puedes usar los verbos más de una vez.

doler importar hacer falta parecer

SIMÓN: A Tomás ____________ la espalda, porque no está acostumbrado a jugar al fútbol.

ANDREA: Yo creo que ____________ jugar todas las semanas.

SIMÓN: Sí, ____________ que él no hace mucho ejercicio. A mí también ____________ salir a correr todos los días. Voy a empezar el lunes, a las 6:00 de la mañana.

ANDREA: A mí, cuando corro mucho, ____________ los pies después.

SIMÓN: Sí, a mí también, pero no ____________. Quiero sentirme bien.

ANDREA: Creo que a todos nosotros ____________ hacer más ejercicio...

SIMÓN: ¿Quieres venir conmigo a correr?

ANDREA: Sí, ¡qué bien! ____________ una idea excelente.

SIMÓN: ¿No ____________ levantarte temprano por la mañana?

ANDREA: A mí no ____________, porque ____________ hacer ejercicio.

10 Para tener una vida mejor

Contesta las siguientes preguntas para saber si cuidas bien de tu salud *(health)*. Usa oraciones completas.

¿Te cepillas los dientes después de comer?
Sí, (No, no) me cepillo los dientes después de comer.

1. ¿Bebes mucha agua para sentirte bien?

   ____

2. ¿Haces ejercicio después de levantarte?

   ____

3. ¿Pasas muchas horas en el sol para broncearte?

   ____

4. ¿Vas a la escuela sin desayunarte?

   ____

5. ¿Comes mucha sal sin preocuparte?

   ____

6. ¿Tomas un vaso de leche antes de acostarte?

   ____

7. ¿Ves la televisión hasta dormirte por la noche?

   ____

8. ¿Qué haces para divertirte los fines de semana?

   ____

Nombre: ______________________________ **Fecha:** ____________________

11 ¿Cómo te sientes?

Imagina que te sientes mal y vas a tu médico(a). Pero no puedes hablar porque te duele mucho la garganta. Escribe un párrafo describiendo qué te duele y cómo te sientes. Después escribe otro párrafo con lo que el médico o la médica te dice que debes hacer.

Nombre: ______________________________ Fecha: ______________

CAPÍTULO 3

Lección 5

¿Dónde estoy?

Imagina que le estás dando direcciones a la persona que está en el mapa. Escribe cómo llegar a los siguientes lugares.

la estación del tren, Avenida del Tren, calles 1-3
Ve a la izquierda hasta la Avenida del Tren, y luego dobla a la izquierda y camina dos cuadras.

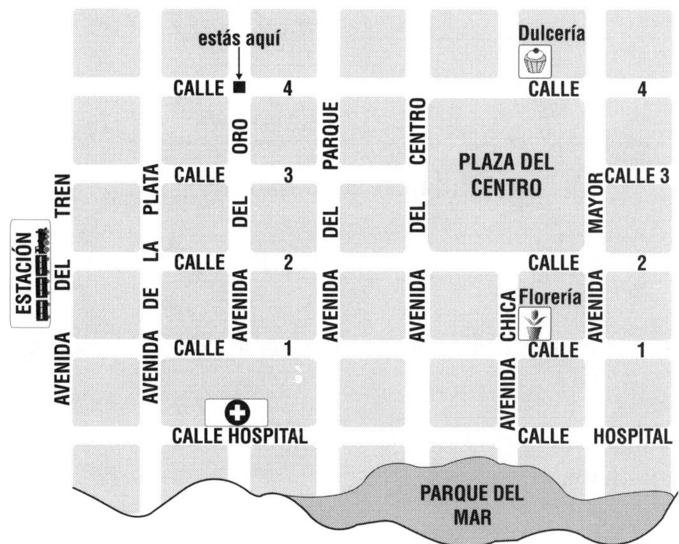

1. Dulcería La Miel, Calle 4, Avenida Chica

____

2. el hospital de la Cruz Roja, Calle Hospital, Avenida del Oro

____

____

____

3. Florería Tropical, Calle 1, Avenida Chica

____

____

Nombre: ______________________________ Fecha: ____________________

2 ¿Qué sabes de México?

Completa el siguiente texto usando la información sobre México en la sección *Conexión cultural* de la Lección 5 de *Somos así LISTOS.*

Después de Argentina, México es el país más ____________________ de todos los países de habla hispana. Su nombre oficial es ______________________________ ____________________ y su capital es ______________________________ Otras ciudades importantes del país son ____________________, ____________________, ____________________, y ____________________. México hace frontera en el norte con ____________________ y en el sur con ____________________ y ____________________.

México tiene una ____________________ muy rica. En este país vivieron civilizaciones muy importantes, como la ____________________, la ____________________ y la ____________________. Después vinieron los ____________________ que fundaron la ciudad de ____________________.

3 Las tiendas

Tu amiga quiere comprar muchas cosas pero no sabe dónde. Dile a qué tiendas tiene que ir.

Me hace falta pan.
Ve a la panadería.

1. Quiero comprarme unos zapatos.

   ____

2. Necesito carne para la barbacoa.

   ____

3. Quiero comprar dulces para mi mamá por su cumpleaños.

   ____

4. No tengo leche en casa.

   ____

5. Tengo que comprar un reloj para la graduación de mi hermano.

   ____

Nombre: ______________________ Fecha: ______________

Escribe las respuestas

Mira los dibujos e imagina lo que dijo el profesor de español a cada estudiante. Escribe el mandato informal apropiado en el espacio en blanco.

 Abre la ventana.

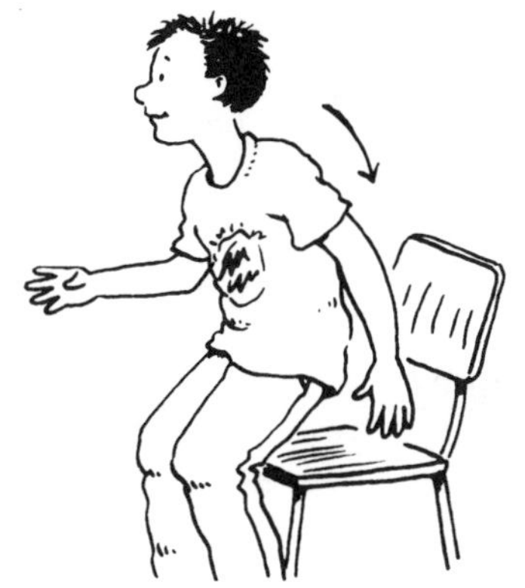

1. ______________________

2. ______________________

3. ______________________

4. ______________________

5. ______________________

6. ______________________

Nombre: ______________________________ Fecha: ______________________

5 Ayúdame

Le estás ayudando a tu amigo a preparar un picnic para su cumpleaños. Tienen que preparar la comida y organizar las cosas. Escribe qué te contesta tu amigo cuando le haces las siguientes preguntas.

¿Te ayudo?
Sí, ayúdame.

1. ¿Compro los refrescos?

   ____

2. ¿Hago una ensalada?

   ____

3. ¿Preparo los sándwiches?

   ____

4. ¿Me voy a hacer las compras?

   ____

5. ¿Traigo la mesa de picnic?

   ____

6. ¿Lavo los vasos?

   ____

7. ¿Pongo queso a los tacos?

   ____

8. ¿Llamo a tus amigos por teléfono?

   ____

9. ¿Llevo las sillas de picnic?

   ____

10. ¿Hago el postre?

   ____

Nombre: ______________________________ Fecha: ____________________

6 Pregúntamelo

Mira el dibujo y contesta las siguientes preguntas usando el mandato informal y los complementos apropiados. Sigue el modelo.

¿Dónde te compro los helados?
Cómpramelos en la heladería.

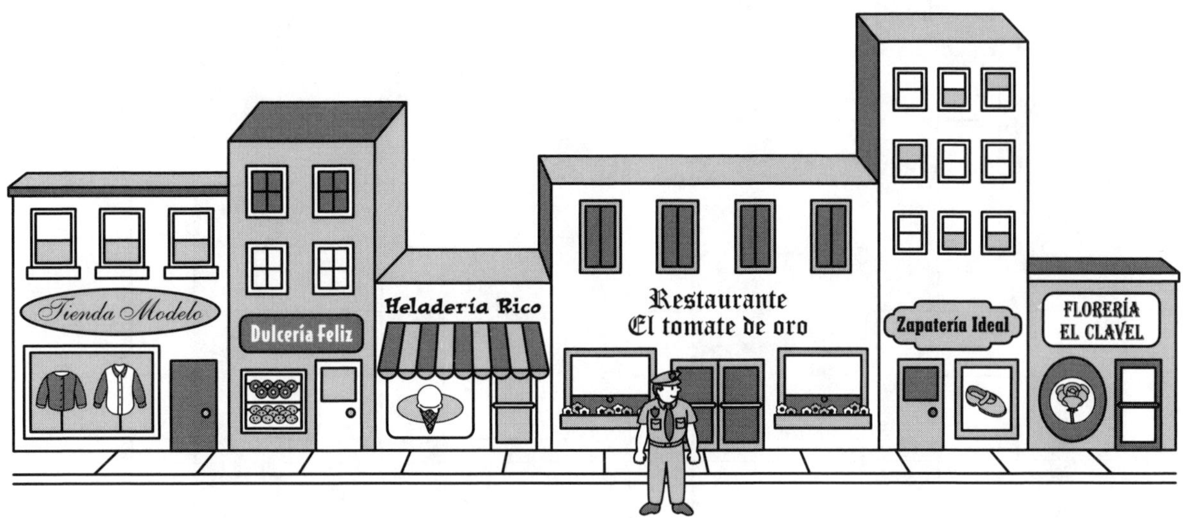

1. ¿Dónde le compro unos dulces a mi madre?

____

2. ¿Dónde te consigo una chaqueta?

____

3. ¿Adónde los llevo a cenar?

____

4. ¿Dónde les compro flores a tus padres?

____

5. ¿A quién le pido direcciones para ir a tu casa?

____

6. ¿Dónde me compro zapatos nuevos?

____

Nombre: ______________________________ **Fecha:** ____________________

7 Crucigrama

Haz el siguiente crucigrama completando las oraciones según *Las comidas nacionales* en la Lección 5 de *Somos así LISTOS.*

Horizontales

4. Los ______ se hacen con masa de maíz.
6. Hay empanadas de ______.
8. Se puede poner ______ en la tortilla española.
9. Los tamales se cocinan en hojas de ______.
11. En América Central, los tamales se cocinan en ______ de plátano.
12. Las tortillas, en México, se hacen con ______ de maíz o de trigo.
13. La tortilla ______ es muy diferente de las tortillas de México.

Verticales

1. El ______ es un tipo de carne.
2. En Argentina se come mucha carne de ______.
3. La tortilla española, puede llevar ______.
4. El plato nacional de México es la ______.
5. Las ______ tienen su origen en México.
7. El picadillo cubano se hace con carne ______.
10. En América Central el ______ es una bebida hecha de maíz.

8 Completen el ejercicio

Completa las siguientes oraciones con el mandato plural (ustedes) de los verbos entre paréntesis. Sigue el modelo.

(Completar) Completen ustedes las oraciones de este ejercicio.

1. (Leer) ______________ ustedes las instrucciones de este ejercicio.
2. (Escribir) ______________ ustedes la respuesta correcta en el cuaderno.
3. (Estudiar) ______________ ustedes mucho para el examen de español.
4. (Comprar) ______________ ustedes lápices nuevos para la clase.
5. (Repetir) ______________ ustedes las palabras que yo digo.
6. (Mirar) ______________ ustedes la página 45 de su libro.
7. (Venir) ______________ ustedes temprano a clase.
8. (Seguir) ______________ ustedes estudiando todos los días.

9 Escríbanlo

Escribe oraciones usando el mandato plural con pronombres y la información dada. Sigue el modelo.

escribir/las oraciones/en la pizarra
Escríbanlas en la pizarra.

1. saber/la lección/para mañana

   ____

2. empezar/a escribir las oraciones

   ____

3. seguir/las instrucciones/con atención

   ____

4. guardar/los libros/en la mochila

   ____

5. practicar/las frases en su casa

   ____

Nombre: ______________________________ Fecha: ____________________

10 Estudiemos los mandatos

Imagina que estás con tus amigos en Ciudad de México. Escribe las siguientes oraciones de otra manera, usando el mandato con *nosotros(as)*. Sigue el modelo.

Vamos a comer una pizza.
Comamos una pizza.

1. Vamos a sacar fotos en el Parque de Chapultepec.

   ____

2. Vamos a comprar camisetas en el Zócalo.

   ____

3. Vamos a visitar el Palacio de Bellas Artes.

   ____

4. Vamos a ver los murales de Diego Rivera.

   ____

5. Vamos a preguntar dónde está la catedral.

   ____

6. Vamos a comer tacos en una taquería.

   ____

7. Vamos a escribir una tarjeta a nuestros amigos.

   ____

8. Vamos a tomar un helado.

   ____

9. Vamos a conseguir unos mapas de la ciudad.

   ____

10. Vamos a escoger un hotel.

    ____

Nombre: ______________________ Fecha: ______________

11 Hagámoslo

Imagina que estás hablando con tus amigos sobre cosas que quieren hacer todos. Escribe una respuesta a sus comentarios usando el mandato con *nosotros.* Sigue el modelo.

Podemos ver la película de Steven Spielberg.
Sí, veámosla.

1. Vamos a buscar información sobre viajes a México.

   ____

2. Podemos llamar a Pedro y a María.

   ____

3. Vamos a divertirnos.

   ____

4. Vamos a bañarnos a la piscina.

   ____

5. Vamos a visitar a nuestros vecinos.

   ____

6. Vamos a mirar el partido de fútbol por televisión.

   ____

7. Vamos a escribir una carta.

   ____

8. Vamos a tomar un refresco.

   ____

9. Vamos a comprar papel en la papelería.

   ____

10. Vamos a pedir la comida por teléfono.

    ____

Nombre: ______________________ Fecha: ______________

12 Ven a visitarme

Imagina que un amigo o amiga viene a visitar tu ciudad. Escríbele una carta usando mandatos informales. Explícale qué tiene que ver y cómo llegar a dos o tres lugares interesantes desde tu casa.

Nombre: ______________________ Fecha: ______________

Lección 6

1 Un paseo por Las Lomas

Mira el mapa del barrio Las Lomas y después contesta las siguientes preguntas usando el vocabulario de *En el barrio Las Lomas* de la Lección 6 en *Somos así LISTOS* y los puntos cardinales.

 Estás en el Supermercado El barato. ¿En qué dirección caminas para ir a la Florería Gardenia?
Camino hacia el este.

1. Estás en la Plaza Grande. ¿Dónde está la oficina de correos?

   ____

2. ¿Cómo llegas hasta la Escuela Galdós en coche, desde la oficina de correos?

   ____

3. Estás en la Florería Gardenia. ¿Hay una panadería hacia el norte?

   ____

Nombre: ______________________ Fecha: ______________

2 Los puntos cardinales

Di cómo se llega desde la escuela a los sitios siguientes en tu pueblo o ciudad, usando los puntos cardinales.

 al cine
Maneja dos cuadras hacia el suroeste.

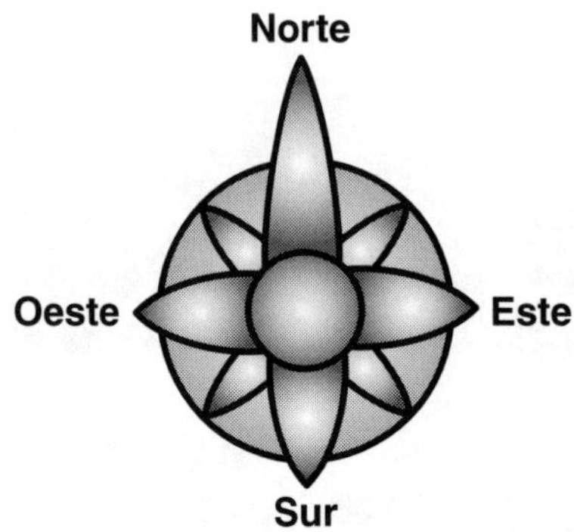

1. a la biblioteca pública

____

2. a tu casa

____

3. al centro comercial

____

4. a la estación del ferrocarril

____

5. a la estación de autobuses

____

6. al hospital

____

7. a la panadería

____

8. al estadio

____

Nombre: ______________________ Fecha: ______________

México

Mira el mapa de México y encuentra las siguientes ciudades. Escribe el nombre de la ciudad en el espacio en blanco apropiado.

Acapulco	Guadalajara	Cancún	Mazatlán
Ciudad Juárez	Mérida	Cuernavaca	Puerto Vallarta

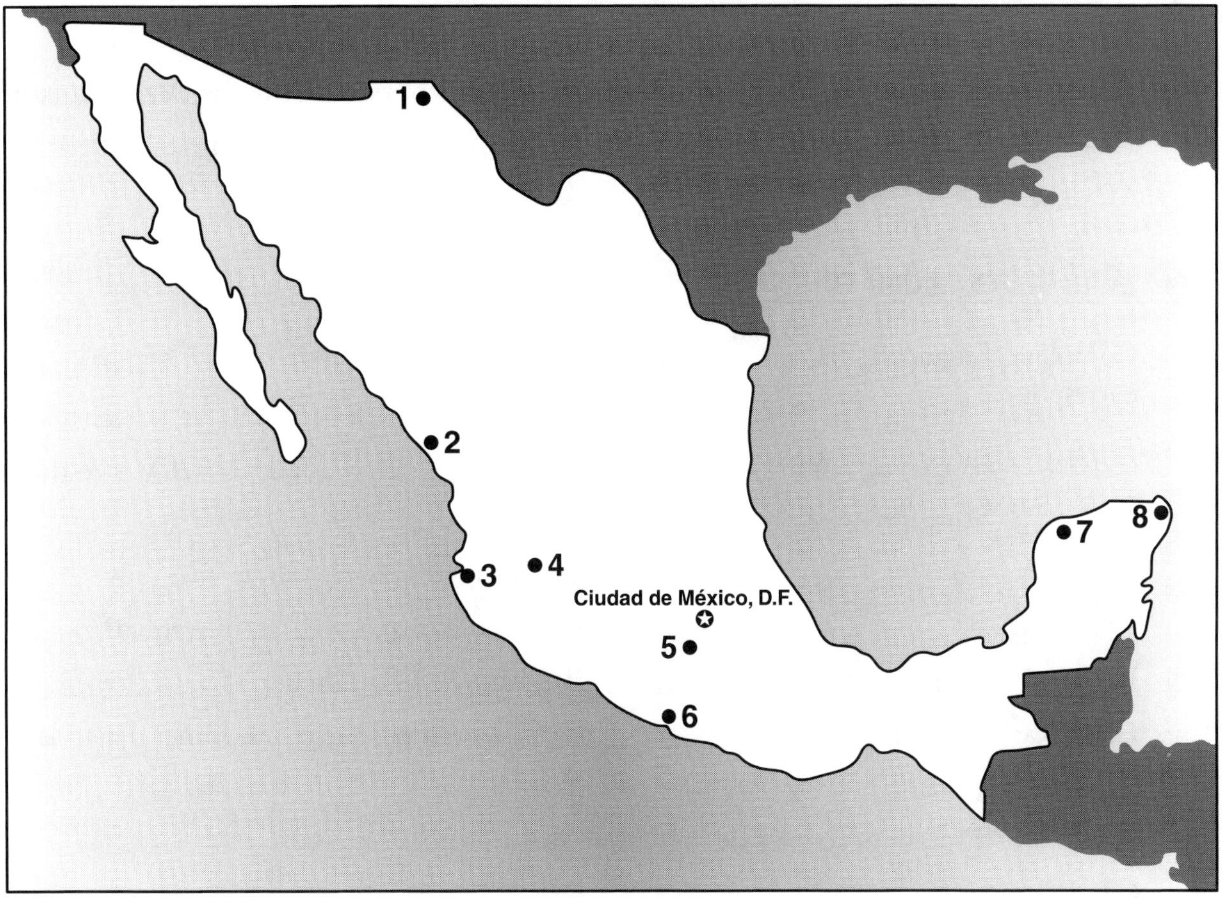

1
2
3
4
Ciudad de México, D.F.
5
6
7
8

1. ______________________
2. ______________________
3. ______________________
4. ______________________
5. ______________________
6. ______________________
7. ______________________
8. ______________________

4 ¿Conoces México?

Completa el siguiente párrafo con las formas apropiadas del verbo *conocer.*

Yo no ____________ México muy bien, pero quiero conocerlo mejor. Mi amiga Raquel ____________ México muy bien. Ella estuvo en la península del Yucatán y también en la capital. Muchos de mis amigos ____________ Ciudad de México. Tú también ____________ la capital, ¿verdad? Mis hermanos y yo sólo ____________ Acapulco, porque fuimos una semana de vacaciones allí. Y ustedes, ¿____________ otros lugares interesantes de México?

5 ¿Qué sabes? ¿Qué conoces?

Completa el siguiente diálogo con la forma apropiada de *saber* o de *conocer*, según corresponda.

CRISTINA: Por favor, señor. ¿____________ usted dónde está el Museo de Antropología?

POLICÍA: Yo ____________ muy bien ese museo, porque vivo muy cerca.

CRISTINA: ____________ que el museo está al este de aquí, ¿verdad?

POLICÍA: Sí. ¿____________ el Parque de Chapultepec?

CRISTINA: No, no ____________ casi nada porque es mi primer día en la ciudad.

POLICÍA: Está un poco lejos de aquí. ¿Por qué no tomas un taxi?

CRISTINA: ¿____________ los taxistas dónde está el museo?

POLICÍA: Diles que está en el Parque de Chapultepec. El parque sí que lo ____________.

CRISTINA: ¿____________ usted a qué hora cierra el museo?

POLICÍA: Eso no lo ____________, pero ____________ a un guía del museo. Si quieres, lo llamo y se lo pregunto.

CRISTINA: No, gracias. Está bien. Gracias por su ayuda.

Nombre: ______________________ Fecha: ______________

6 Trabajar en la agencia de turismo

Completa el siguiente párrafo con la forma correcta de los verbos de la lista. Puedes usar los verbos más de una vez.

conducir	hacer	trabajar
conocer	ofrecer	traducir

Todos los veranos, yo ______________ en la agencia de turismo de mi padre en Acapulco. ______________ un poco de todo. Cuando ______________ mucho calor, yo les ______________ a los clientes un refresco. Aunque el señor López ______________ el autobús de turismo, cuando él está ocupado, yo ______________ el autobús y llevo a los clientes al aeropuerto. El señor López ______________ Acapulco muy bien. Yo sólo ______________ las calles más importantes. La guía de la agencia es Adriana. Ella también ______________ para los clientes cuando ellos no entienden español. Pero a veces, si ella no está yo ______________ la información para ellos.

7 ¡No lo hagas!

Estás organizando un picnic para todos los amigos. Contesta las preguntas que ellos te hacen. Sigue el modelo.

¿Llevo platos de plástico? (de papel)
No, no lleves platos de plástico. Lleva platos de papel.

1. ¿Compro botellas de refrescos? (latas de refrescos)

____

2. ¿Preparo tortillas de maíz? (tortilla española)

____

3. ¿Vengo a ayudarte a las dos? (al mediodía)

____

4. ¿Consigo una piñata para el picnic? (una pelota)

____

Nombre: ______________________ Fecha: ______________

8 Cuidemos el planeta

En el barrio están haciendo carteles para educar a los vecinos sobre la ecología. Pon un círculo alrededor del mandato apropiado para completar cada oración.

1. No ________ nosotros demasiada agua.
   A. usamos
   B. usemos
   C. usen

2. No ________ ustedes basura en las calles.
   A. tiren
   B. tiramos
   C. tiran

3. No ________ tú productos químicos *(chemicals)* en las plantas.
   A. usas
   B. usen
   C. uses

4. No ________ usted si no es necesario. Camine.
   A. manejas
   B. maneje
   C. manejes

5. No ________ tanto el autobús. Usemos más las bicicletas.
   A. tomamos
   B. tomen
   C. tomemos

6. No ________ tú la luz si no estás en el cuarto.
   A. enciendas
   B. enciendes
   C. enciende

7. No ________ ustedes fogatas *(fire)* en el parque.
   A. hacen
   B. hagamos
   C. hagan

8. No ________ sobre el césped. Cuidémoslo.
   A. caminemos
   B. caminen
   C. caminamos

9 Situaciones

Lee las siguientes situaciones y di a tus amigos lo que no deben hacer. Sigue el modelo.

María quiere comprar un paraguas, pero ya tiene uno.
No lo compres.

1. Nosotros queremos comer muchos chocolates.

   ____

2. Paula y Rubén quieren levantarse de la cama, pero están enfermos.

   ____

3. Ignacio quiere dormirse en el jardín.

   ____

4. Roberta y Luis quieren acostarse tarde, pero mañana tienen que ir a la escuela.

   ____

5. Tus amigos quieren irse de tu fiesta, pero todavía es temprano.

   ____

6. Sergio quiere lavarse el pelo él solo, pero sólo tiene 5 años.

   ____

7. Ustedes quieren bañar al perro, pero hoy no tienen tiempo.

   ____

8. Tomás quiere quitarse el suéter, pero hace frío.

   ____

9. Julia y Pedro quieren sentarse en el césped.

   ____

Nombre: ____________________ Fecha: ____________________

10 Sopa de letras

Busca el nombre de quince palabras relacionadas con el coche. Las palabras están organizadas en forma vertical, horizontal, diagonal y también pueden estar escritas al revés.

R	G	U	A	N	T	E	R	A	G	I
A	E	A	D	O	U	Q	H	R	F	N
L	J	T	I	T	A	B	L	E	R	O
A	A	N	R	Ñ	C	J	F	P	E	R
R	S	A	E	O	O	P	E	U	N	U
M	I	L	C	H	V	G	Z	E	O	T
A	E	L	C	K	A	I	O	S	Y	N
L	N	E	I	T	D	I	S	T	B	I
W	T	R	O	A	B	C	B	O	X	C
N	O	M	N	M	D	B	A	R	R	A
P	A	R	A	C	H	O	Q	U	E	S
T	E	C	L	S	G	H	I	F	A	V

Nombre: ______________________ Fecha: ______________

11 Todo sobre los coches

Completa las siguientes oraciones con las palabras de la caja.

trasero	guantera	cinturón de seguridad
tablero	deportivo	llanta
direccional	frenos	alarma
	espejo retrovisor	

1. Este coche es muy moderno y tiene un diseño muy ____________.
2. Es mejor que los niños se sienten en el asiento ____________.
3. Guardo los papeles del coche en la ____________.
4. Es importante llevar siempre una ____________ de repuesto.
5. Antes de doblar en la curva, tienes que poner la ____________.
6. Cuando vas en coche, siempre tienes que ponerte el ____________.
7. En el ____________ de un coche hay luces que te informan de muchas cosas.
8. Para parar el coche usas los ____________.
9. En el coche de mi padre, si abres la puerta oyes la ____________.
10. En el ____________ puedes ver dónde están los otros coches.

Nombre: ______________________ Fecha: ______________

12 El estudiante nuevo

Hay un estudiante nuevo en tu clase. Ayúdale diciéndole lo que no debe hacer en clase, en el autobús y en la cafetería. Usa mandatos negativos.

Nombre: ______________________________ Fecha: ______________

CAPÍTULO 4

Lección 7

1 En el parque de atracciones

Dos amigos hablan de lo que hicieron el fin de semana, pero su conversación no está en orden. Ordénala para saber qué dicen los amigos.

________ —El fin de semana pasado, mi familia y yo fuimos a un parque de atracciones.

________ —Unas chicas empezaron a gritar en el desfile. Miramos para ver qué pasaba... ¡Era mi hermanito pequeño que las molestaba con una serpiente de plástico!

________ —¿Qué hicieron allí?

________ —También vimos los fuegos artificiales.

________ —¿De verdad? ¿Qué pasó?

________ —¡Qué bien! ¡Seguro que fueron fascinantes!

________ —¡Qué divertido! ¿Qué más vieron?

________ —Vimos un desfile y comimos muchas golosinas. También pasó algo chistoso.

Nombre: ______________________________ Fecha: ____________________

2 ¿Conoces El Salvador?

Decide si las siguientes oraciones son ciertas (C) o falsas (F) según la infomación sobre El Salvador en la sección *Conexión cultural* de la Lección 7 de *Somos así LISTOS.* Corrige las oraciones falsas.

_______ 1. En El Salvador hay muchos volcanes activos. _______________

____

_______ 2. El Salvador es un país muy pequeño y con muy poca población.

____

_______ 3. La capital de El Salvador se llama San Salvador y tiene 500.000 habitantes.

____

_______ 4. El conquistador español Diego Alvarado fundó San Salvador en 1525.

____

_______ 5. La economía de El Salvador depende de la producción de caña de azúcar.

____

_______ 6. Como El Salvador está en una región volcánica, casi no hay terremotos ni temblores.

____

_______ 7. La capital de El Salvador está en el Valle de las Hamacas. _______________

____

_______ 8. Antes de la llegada de los españoles, la región donde hoy está El Salvador era parte del territorio inca.

____

Nombre: ______________________ Fecha: ______________

3 En el parque siempre...

Imagina que cuando eras pequeño(a), siempre ibas al paque de atracciones con tu familia. Escribe oraciones sobre lo que hacían usando la información dada y el imperfecto de los verbos en infinitivo. Sigue el modelo.

yo/cantar canciones en el parque
Yo siempre cantaba canciones en el parque.

1. mi mamá/leer un libro bajo el árbol

   ____

2. José y Pedro/gritar en las atracciones

   ____

3. ustedes/comprar muchos globos de colores

   ____

4. tú/montar en la montaña rusa primero

   ____

5. yo/cerrar los ojos en la montaña rusa

   ____

6. nosotros/comer helados de fresa

   ____

7. Bernardo/molestar a los otros niños con sus chistes

   ____

8. todos/divertirse mucho

   ____

Nombre: ______________________ Fecha: ______________

¿Qué hacían cuando empezó a llover?

Mira el dibujo y escribe oraciones diciendo qué hacía cada persona cuando empezó a llover.

1. Carolina ______________________

2. los niños ______________________

3. ustedes ______________________

4. ellas ______________________

5. nosotros ______________________

6. mi mamá ______________________

Nombre: ______________________ Fecha: ______________

5 Cuando yo era pequeño(a)...

Completa las oraciones con el imperfecto de los verbos entre paréntesis.

1. Mi abuelo y yo siempre (jugar) ________________ en el patio los domingos.
2. Mis amigos siempre (venir) ________________ a buscarme para ir a pasear.
3. Mi mamá siempre (cocinar) ________________ sopa los martes por la noche.
4. Mi papá siempre (llegar) ________________ tarde a casa.
5. Mi hermana (salir) ________________ al cine con su novio los sábados por la noche.
6. Tú (llamarme) ________________ por teléfono todos los días.
7. Ustedes siempre (comprar) ________________ golosinas en la tienda.
8. Siempre (llover) ________________ cuando nosotros (querer) ________________ ir al parque.

6 ¿Pretérito o imperfecto?

Completa el siguiente párrafo con el pretérito o el imperfecto de los verbos entre paréntesis, según corresponda.

Cuando yo era pequeño mi familia y yo siempre (visitar) ________________ a mis abuelos los domingos. Pero una vez, mi papá (decir) ________________ que nosotros (ir) ________________ a ir a un parque de atracciones. Mi papá siempre (manejar) ________________, pero ese día mi hermana mayor (manejar) ________________. Ese domingo (hacer) ________________ mucho sol y calor. Cuando nosotros (llegar) ________________ al parque de atracciones, mi hermana (comprar) ________________ helados para todos. Yo (querer) ________________ ver el desfile, pero mis hermanos no (querer) ________________. Entonces mi papá (decidir) ________________ llevarnos a la montaña rusa. Nosotros (subir) ________________ a la montaña rusa y todos (divertirse) ________________ mucho.

Nombre: ______________________________ **Fecha:** ____________________

7 Sopa de letras

Busca el nombre de doce animales que puedes ver en un zoológico. Las palabras están organizadas en forma vertical, horizontal, diagonal y también pueden estar escritas al revés.

A	G	U	I	L	A	R	M	A	P	E
D	V	C	A	E	Z	A	Q	N	J	L
E	C	E	R	N	F	U	F	E	P	E
G	O	G	S	A	Y	O	S	L	A	F
B	I	V	R	T	G	K	C	L	N	A
T	F	I	B	N	R	T	E	A	T	N
A	J	L	D	W	O	U	X	B	E	T
I	G	U	A	N	A	E	Z	I	R	E
C	O	C	O	D	R	I	L	O	A	H
E	T	N	O	R	E	C	O	N	I	R

8 Descripciones

Lee las descripciones de animales y escribe la letra del animal correspondiente.

________	1. Es un pájaro rosado de patas muy largas.	A. Elefante
________	2. Es un gato muy grande, a rayas.	B. Mono
________	3. Tiene un cuello muy largo.	C. Flamenco
________	4. Tiene una nariz muy larga y pesa mucho.	D. Jirafa
________	5. Es como un caballo a rayas blancas y negras.	E. Tortuga
________	6. Salta de árbol en árbol y es como un gorila pequeño.	F. Tigre
________	7. Lo llaman el rey de la selva y tiene pelo largo en la cabeza.	G. León
________	8. Camina muy despacio y lleva su casa encima.	H. Cebra

Nombre: ______________________ Fecha: ______________

9 ¿Cómo eran? ¿Adónde iban?

Completa las siguientes oraciones con la forma correcta del imperfecto de *ser, ir* o *ver,* según corresponda.

1. Mi abuelo ______________ muy chistoso.
2. Yo siempre ______________ películas en la televisión.
3. Mis hermanitos pequeños ______________ muy rubios, pero ahora ya no.
4. Mis primos ______________ a la playa todos los veranos.
5. Tú ______________ mi vecino favorito.
6. Tú y yo ______________ los partidos de fútbol cada domingo.
7. Horacio ______________ los fuegos artificiales de su pueblo todos los años.
8. Ustedes ______________ a ir al zoológico ayer.
9. Tú ______________ a la escuela de mi barrio.
10. Todos ______________ muy felices.

10 Preguntas personales

Contesta las siguientes preguntas sobre cómo eras cuando tenías seis años. Usa el imperfecto.

1. ¿Qué te gustaba hacer cuando eras niño(a)?

____

____

2. ¿Cómo eras?

____

____

3. ¿Qué animales te gustaban?

____

____

4. ¿Ibas mucho al zoológico? ¿Con quién ibas?

____

____

Nombre: ______________________ Fecha: ______________________

11 En el zoológico

Juan y sus hermanos fueron el domingo al zoológico. Completa las siguientes oraciones con el pretérito o el imperfecto del verbo apropiado de la caja. Algunos verbos se repiten.

haber	salir	ser
ir	llover	tener
gritar	querer	ver
	hacer	

1. Mis hermanos y yo ______________ ir al zoológico el sábado, pero ______________.
2. Entonces, todos ______________ al zoológico el domingo.
3. Yo ______________ muchas ganas de ver a los animales.
4. En el zoológico ______________ muchos animales.
5. ______________ un día de verano y ______________ mucho calor.
6. Mucha gente ______________ al elefante y al hipopótamo.
7. En la tarde ______________ fuegos artificiales.
8. La gente ______________ de alegría *(happiness)*.
9. Cuando todos ______________ del zoológico ______________ las ocho de la noche.

Nombre: ______________________ Fecha: ______________

Más de...

Escribe oraciones usando la información dada, el imperfecto y la construcción *más de*. Sigue el modelo.

yo/ver/veinte cebras en el zoológico
Yo veía más de veinte cebras en el zoológico.

1. ustedes/tener/treinta vacas en su granja

2. tu coche/ir/60 millas por hora

3. tus hermanos/tener/doce años cuando llegaron a los Estados Unidos

4. Cristina/ver/cien tortugas al año en el acuario

5. su familia/tener/mil acres de tierra

6. Juan/subir a la montaña rusa/cinco veces al día

7. mis hermanos y yo/comprar/tres revistas por semana

Nombre: ______________________________ Fecha: ______________

13 ¿De dónde eran?

Mira el mapa y di de qué nacionalidad eran los siguientes artistas y escritores. Sigue el modelo.

Diego Rivera
Él era mexicano.

1. José Martí ______________________________
2. Miguel de Cervantes ______________________________
3. Horacio Quiroga y Eduardo Acevedo Díaz ______________________________
4. Sor Juana Inés de la Cruz y Frida Kalho ______________________________
5. Carlos Gardel y Jorge Luis Borges ______________________________
6. Edgar Allan Poe ______________________________
7. Roque Dalton ______________________________
8. Rubén Darío y Salvador Calderón Ramírez ______________________________
9. Clorinda Matto de Turner ______________________________
10. Eduardo Barrios ______________________________
11. Alcides Argueda ______________________________
12. Enrique Gómez Carrillo ______________________________
13. Adolfo Baquerizo Morena ______________________________
14. José Eustacio Rivera y Jorge Isaacs ______________________________
15. Teresa de la Parra ______________________________

Nombre: ______________________ Fecha: ______________________

Nombre: ______________________ **Fecha:** ______________

14 En el zoológico yo...

Escribe un párrafo sobre lo que hacías cuando eras pequeño(a) e ibas al zoológico. ¿Qué animales veías? Descríbelos. ¿Cuántos había? ¿Cómo eran? ¿Con quién(es) ibas al zoológico? ¿Dónde estaba? ¿Te gustaba ir?

Nombre: ______________________ Fecha: ______________

Lección 8

1 Crucigrama

Haz el siguiente crucigrama.

Horizontales

3. Ver rugir a los leones es ______.
4. El ______ es la persona que hace ejercicios difíciles en el circo.
8. Generalmente, los leones están en una ______.
9. Una cosa que no es verdad es una ______.
10. Un animal grande, con mucho pelo, que está en el circo es un ______.

Verticales

1. Para comprar los boletos tienes que ponerte en la ______.
2. Los acróbatas tienen mucha ______.
5. El lugar de espectáculos donde hay payasos, acróbatas y leones se llama ______.
6. La ______ es el lugar donde venden los boletos.
7. Un ______ es una persona chistosa que hace reír a la gente en el circo.

Nombre: ______________________ **Fecha:** ______________

2 ¿Conoces Honduras?

Decide si las siguientes oraciones son ciertas (C) o falsas (F) según la información sobre Honduras en la sección *Conexión cultural* de la Lección 8 de *Somos así LISTOS.*

________ 1. Los vecinos de Honduras son El Salvador, Guatemala y Nicaragua.

________ 2. Honduras tiene costa en el Océano Pacífico.

________ 3. La ciudad más importante del imperio maya en Honduras era Copán.

________ 4. Honduras es el país más grande de América Central.

________ 5. Honduras es un país muy rico.

________ 6. La capital del país es Copán, con 700.000 habitantes.

________ 7. La economía hondureña se basa en la piña tropical.

________ 8. El huracán Mitch causó daños a muchas ciudades de Honduras.

3 Un día aburridísimo

Lee el siguiente párrafo. Haz una lista de todas las palabras que terminan en una forma de *–ísimo.* Después, escribe la palabra original, sin la terminación, haciendo todos los cambios que sean necesarios.

Ayer fue un día aburridísimo. Fui a un circo malísimo. Había unos leones gordísimos y sucísimos. Los payasos eran viejísimos y los acróbatas hacían cosas facilísimas. Pero los tigres eran inteligentísimos y los osos, simpatiquísimos.

aburridísimo — aburrido

1. ________________
2. ________________
3. ________________
4. ________________
5. ________________
6. ________________
7. ________________

Nombre: ______________________ Fecha: ______________

4 Un día divertidísimo

Escribe otra vez las oraciones cambiando las palabras en itálica a la forma apropiada de *–ísimo.*

1. El domingo fuimos a un circo *bueno.*

2. El espectáculo con los leones fue *emocionante.*

3. Los boletos eran *baratos.*

4. Los ejercicios que hacían los acróbatas eran *difíciles.*

5. Los osos eran *chistosos* y *simpáticos.*

6. La jaula de los tigres era *grande.*

7. Los leones eran *feroces* y acercarse a su jaula era *peligroso.*

8. Como el circo era *bueno,* había *mucha* gente y la fila de la taquilla era *larga.*

Nombre: ______________________________ Fecha: ____________________

5 ¿Dónde va el adjetivo?

El circo llegó a la ciudad y Jacinto y sus amigos fueron a verlo. Coloca el adjetivo en el lugar correspondiente. Sigue el modelo.

(primer) Éste es el ____________ año ____________ del circo en la ciudad.
Éste es el primer año ____________ del circo en la ciudad.

1. (pobre) El ____________ Jacinto ____________ no encontraba entradas para el circo.
2. (buen) Su ____________ vecino ____________ le regaló su entrada.
3. (segundo) El martes es el ____________ día ____________ de la semana del circo en la ciudad.
4. (Primero) El mono del circo es ____________ Coco ____________.
5. (fieros) Los leones del circo eran unos ____________ leones ____________.
6. (nuevo) Los monos hacían una ____________ destreza ____________ a cada minuto.
7. (viejo) El ____________ hombre ____________ del circo cumple hoy 100 años.
8. (nuevo) Ana fue a la tienda del circo y compró una ____________ gorra ____________.

Nombre: ______________________ Fecha: ______________

6 ¿Qué es? ¿Quién es?

Lee las descripciones de abajo y escribe la frase del cuadro que describen.

el boleto nuevo
el nuevo payaso
el gran circo
una vieja amiga
el circo grande
el acróbata pobre
una amiga vieja
el pobre acróbata

1. La conozco desde que era pequeña. ______________
2. No conoce a nadie. ______________
3. No es un circo pequeño. ______________
4. Nunca había estado antes en este circo. ______________
5. Es un circo muy bueno. ______________
6. No tiene dinero. ______________
7. Tiene 95 años. ______________
8. Tenía un boleto viejo y ahora compro otro. ______________

Nombre: ______________________ **Fecha:** ______________

7 En la finca

Tu tío volvió a la finca y encontró que ocurrieron muchas cosas. Mira la ilustración y contesta sus preguntas.

1. ¿Qué le pasó al toro?

   ____

2. ¿Qué les pasó a las ovejas?

   ____

3. ¿Adónde fue a parar la gallina?

   ____

4. ¿Qué estaba mirando el burro?

   ____

5. Y el perro, ¿a quién le ladró?

   ____

Nombre: ______________________________ Fecha: ____________________

8 Mío y tuyo

Un primo te enseña la finca de tu tío y te explica de quiénes son los animales. Escribe otra vez las oraciones usando la forma larga de los adjetivos posesivos. Sigue el modelo.

> Éste es mi perro.
> Este perro es mío.

1. Éstos son nuestras ovejas.

   ____

2. Ésta es tu vaca.

   ____

3. Éstas son sus gallinas.

   ____

4. Éstos son mis patos.

   ____

5. Éste es su toro.

   ____

9 Fotos de familia

Le muestras a tu amigo el álbum de fotos de la familia en la finca. Completa las siguientes oraciones con *suyo, suya, suyos* o *suyas.*

> Ésta es mi hermana con Matilde, la vaca suya.

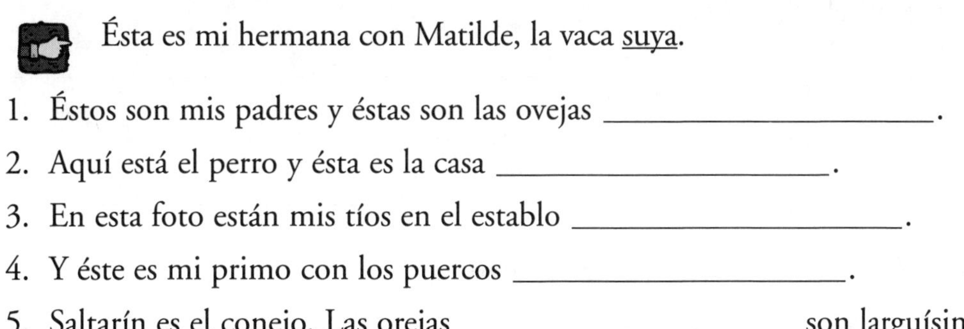

1. Éstos son mis padres y éstas son las ovejas ____________________.
2. Aquí está el perro y ésta es la casa ____________________.
3. En esta foto están mis tíos en el establo ____________________.
4. Y éste es mi primo con los puercos ____________________.
5. Saltarín es el conejo. Las orejas ____________________ son larguísimas.
6. Aquí está mi hermana con Algodón. La oveja ____________________ es bellísima.

Nombre: ______________________ Fecha: ______________

10 ¿De quién son?

Ayer hubo un problema en la finca y los animales se escaparon. Un vecino te trae los animales y te pregunta si son los animales de tu familia, pero ninguno lo es. Usa las indicaciones entre paréntesis para describir cómo son sus animales. Sigue el modelo.

 ¿Es éste tu perro? (más pequeño)
No, el mío es más pequeño.

1. ¿Estos toros son de tus padres? (negros)

   ____

2. ¿Este gato es de tu hermanita? (marrón)

   ____

3. ¿Estas vacas son de tu tío? (más grandes)

   ____

4. ¿Es éste tu caballo? (gris)

   ____

5. ¿Y son éstos los puercos de ustedes? (más gordos)

   ____

6. ¿No es ésta la gallina de tu primo? (amarilla)

   ____

7. ¿Este burro es de tus hermanos? (blanco)

   ____

8. ¿Estos pájaros son de tu prima? (rojos)

   ____

Nombre: ______________________ Fecha: ______________

11 Lo mejor de cada animal

Escribe dos oraciones con *lo* y los adjetivos de la caja, describiendo los animales siguientes. Sigue el modelo.

los gatos
Lo mejor de los gatos es que son bonitos.
Lo fascinante es que duermen casi todo el día.

interesante	aburrido	fascinante
mejor	divertido	bonito
emociante	maravilloso	

1. los pájaros
A. ______________________
B. ______________________
2. los leones
A. ______________________
B. ______________________
3. los perros
A. ______________________
B. ______________________

12 ¡Qué ejercicio tan fácil!

Escribe exclamaciones sobre las siguientes cosas, usando la estructura ¡*Qué* + nombre + *tan* + adjetivo! Sigue el modelo.

(elefante) feo ¡Qué elefante tan feo!

1. (cuello) largo ______________________
2. (animal) pequeño ______________________
3. (oveja) blanca ______________________
4. (tigres) fieros ______________________
5. (finca) grande ______________________

Nombre: ______________________ Fecha: ______________

13 El mejor circo

Escribe un párrafo describiendo la última vez que fuiste a un circo (o la última vez que viste un circo por televisión). Explica qué animales viste, y qué hacían los payasos y los acróbatas. Usa las formas de *-ísimo* para dar más vida a la descripción. También explica qué es para ti lo más emocionante del circo.

Nombre: ______________________________ Fecha: ________________

CAPÍTULO 5

Lección 9

1 Cuba

¿Qué sabes acerca de Cuba? Pon un círculo alrededor de la letra de la frase que completa correctamente cada oración según la información sobre Cuba de la Lección 9, en *Somos así LISTOS.*

1. Cuba es la isla más ________ del Caribe.
   A. pequeña
   B. grande
   C. antigua

2. Su población y su cultura son una combinación de la herencia ________.
   A. española y africana
   B. española y mexicana
   C. española y caribeña

3. La lengua oficial de Cuba es ________.
   A. el inglés
   B. el español
   C. el español y el inglés

4. La revolución cubana fue hecha por ________.
   A. Fidel Castro en 1959
   B. Fidel Castro en 1973
   C. Fidel Castro en 1945

5. La capital de Cuba es ________.
   A. Santiago de Cuba
   B. Camagüey
   C. La Habana

6. Las industrias más importantes de Cuba son ________.
   A. el café, la seda y el turismo
   B. el azúcar, el tabaco y el turismo
   C. las playas tropicales y los instrumentos musicales

Nombre: ______________________ Fecha: ______________

2 Un viaje a Cuba

El año pasado la profesora María Espinosa pasó sus vacaciones en Cuba. Corrige las siguientes oraciones usando la información sobre Cuba de la Lección 9, en *Somos así LISTOS.*

1. La profesora María Espinosa estuvo en la isla más pequeña del Caribe.

____

____

2. María viajó cientos de millas desde Florida a Cuba.

____

____

3. María caminó por las calles estrechas de la Habana Nueva.

____

____

4. A María le gustó mucho la arquitectura francesa de la Habana Vieja.

____

____

5. María descubrió que el turismo no era importante en Cuba.

____

____

6. María aprendió a bailar música cubana, que es una combinación de salsa y rap.

____

____

7. María leyó que el sistema comunista existe en Cuba desde 1898.

____

____

8. María oyó que Cuba no tiene problemas económicos.

____

____

Nombre: ____________________ **Fecha:** ____________________

3 Arroz con pollo

Ayer Ernesto preparó un plato muy popular en el Caribe. Completa las oraciones con la forma correcta del pretérito de los verbos entre paréntesis.

1. Ayer Ernesto ____________________ arroz con pollo. (hacer)
2. Primero le ____________________ la receta a su madre. (pedir)
3. Luego ____________________ al supermercado y compró los ingredientes. (ir)
4. Como no ____________________ cebollas, ____________________ que ir al supermercado. (conseguir, tener)
5. Cuando ____________________ a su casa, ____________________ a preparar la cena. (llegar, empezar)
6. Mientras se cocinaba el pollo, Ernesto ____________________. (dormirse)
7. Por suerte, cuando su hermana ____________________ la puerta, él la ____________________. (abrir, oír)
8. Los dos ____________________ de cocinar la cena. (terminar)
9. Cuando el pollo ____________________ listo, ____________________ los invitados. (estar, llegar)

4 Un día especial

Ayer fue un día especial. Completa las oraciones usando el mismo verbo en pretérito según el modelo.

 Yo siempre te llamo por la mañana, pero ayer te llamé por la noche.

1. Yo siempre almuerzo en casa, pero ayer ____________________ en la cafetería.
2. Marina siempre prepara té, pero ayer ____________________ café.
3. Nicolás siempre pide pan, pero ayer ____________________ cereal.
4. Leonora siempre prefiere salir con sus amigas, pero ayer ____________________ salir con sus padres.
5. Antonio siempre duerme toda la noche pero ayer no ____________________.
6. Mis padres siempre pagan el almuerzo en efectivo, pero ayer ____________________ con tarjeta de crédito.
7. Alicia y Tomás siempre salen de paseo, pero ayer no ____________________.
8. Siempre leemos novelas, pero ayer ____________________ un cuento.

Nombre: ______________________________ Fecha: ____________________

5 Antes, ahora

Ahora, tu familia y tú hacen muchas cosas que antes no hacían. Completa las siguientes oraciones con el pretérito o el imperfecto de los verbos entre paréntesis, según corresponda. Usa el verbo de la primera oración, en la segunda oración.

1. Ayer, mi familia y yo ____________________ a comer a un restaurante cubano. (ir)
   Antes, cuando yo era chico(a), mi familia y yo siempre ____________________ a comer a la casa de mi abuela.
2. Ayer, mi hermano y yo ____________________ temprano. (levantarse)
   Antes, cuando éramos chicos, mi hermano y yo siempre ____________________ tarde.
3. Ayer, mis padres ____________________ su colección de discos compactos. (oír)
   Antes, cuando yo era chico(a), mis padres siempre ____________________ su colección de casetes.
4. Ayer, mi hermana mayor me ____________________ un e-mail. (mandar)
   Antes, cuando yo era chico(a), mi hermana mayor siempre me ____________________ cartas.
5. Ayer, mi amiga Mónica y yo ____________________ bien y ____________________ a caminar por el centro. (vestirse, salir)
   Antes, cuando yo era chico(a), mi amiga Mónica y yo ____________________ bien y ____________________ a jugar en el patio.
6. Ayer, mi tío Enrique, ____________________ a visitarnos con sus hijos. (venir)
   Antes, cuando yo era chico(a), mi tío Enrique siempre ____________________ a visitarnos con su novia.
7. Ayer, Estela y Jorge ____________________ una fiesta especial para su aniversario. (dar)
   Antes, cuando yo era chico(a), Estela y Jorge siempre ____________________ fiestas para sus cumpleaños.

Nombre: ______________________ Fecha: ______________

6 Escenas familiares

Mira los dibujos y contesta las preguntas.

1. ¿Qué hacía Luis cuando sonó el teléfono?

____

2. ¿Qué hacía Alicia cuando llegaron los invitados?

____

3. ¿Qué hacía el gato cuando entró Pedro?

____

4. ¿Qué hacía Joaquín cuando Silvina volvió del mercado?

____

5. ¿Qué hacía Elena cuando entró Ana?

____

6. ¿Qué pasó cuando Lila salió a la calle?

____

Nombre: ______________________ **Fecha:** ______________

7 ¿Qué hubo?

Completa las siguientes oraciones usando *hay*, *había* o *hubo*, según corresponda.

1. Ayer en mi casa __________________ una fiesta.
2. Cuando íbamos por la ruta __________________ mucha neblina.
3. Voy a llamar al teatro para preguntar si __________________ boletos para esta noche.
4. Cuando fui al supermercado ya no __________________ nada.
5. Teolinda me dijo que anoche __________________ una cena muy elegante en casa de sus padres.
6. Voy a ver qué __________________ en el refrigerador, porque tengo hambre.
7. A mi papá le gusta mucho el mercado nuevo, porque siempre __________________ buenas carnes y pescados.
8. __________________ dos cosas que a mí no me gusta comer: pollo y plátanos.
9. Anoche en la fiesta __________________ gente muy elegante.
10. El sábado pasado __________________ un baile en casa de Juan.

8 ¿Qué fríen?

Mira los dibujos y di qué fríe cada persona.

Carolina
Carolina fríe plátanos.

1. yo
____
____

2. tú
____
____

3. él
____
____

4. nosotros
____
____

5. Diana y Sonia
____
____

6. ustedes
____
____

Nombre: ______________________ Fecha: ______________

9 ¿Por qué se ríen?

Mira los dibujos y di por qué se ríen las siguientes personas.

los niños
Los niños se ríen porque se pusieron la ropa de sus padres.

1. yo ______________________

2. tú ______________________

3. Nela ______________________

4. Elisa y yo ______________________

5. Teresa y Alonso ______________________

6. ustedes ______________________

Nombre: ______________________________ Fecha: ____________________

10 ¿Qué pasó en la clase?

Tu compañera Rita, la mejor estudiante de tu clase de español, no pudo ir ayer a la escuela y te pregunta qué pasó. Contesta las preguntas de forma afirmativa.

1. ¿Viniste a la escuela ayer?

   ____

2. ¿Pudiste tomar apuntes de la clase de español?

   ____

3. ¿Leyeron algo nuevo en la clase?

   ____

4. ¿Supiste contestar todas las preguntas de los compañeros?

   ____

5. ¿Cuántas páginas de la antología tradujeron?

   ____

6. ¿Trajo la profesora los exámenes de la semana pasada?

   ____

7. ¿Vieron la película en español sobre Cuba?

   ____

8. ¿Se rieron mucho con la película?

   ____

9. ¿Pudieron terminar la tarea del lunes?

   ____

10. ¿Se acordó la profesora de pedir la tarea?

    ____

Nombre: ______________________________ **Fecha:** ____________________

11 Querido...

Anoche tu mejor amigo(a) dio una fiesta y tú no fuiste. Piensa todas las explicaciones posibles y escríbele una carta. Usa algunos de los siguientes verbos: *poder, andar, conducir, venir, leer, saber, traducir, traer, caber.*

Querido ____________________

____

____

____

____

____

12 El mejor menú

Vas a abrir un restaurante y debes preparar un menú especial. Completa el siguiente cuadro siguiendo el modelo. El menú debe incluir: 1) una sopa o crema, 2) un plato de carnes, aves o mariscos con 3) arroz, papas o verduras, 4) una bebida y 5) un postre.

Restaurante La Habana Vieja

especial para hoy

Lunes

sopa de verduras

pollo asado con

papas fritas

jugo de toronja

flan de coco

$7

Mi Restaurante

especial para hoy

____

____

____

____

____

____

____

____

$______

13 Sopa de letras

Busca nueve palabras relacionadas con la comida. Las palabras están organizadas en forma vertical, horizontal y diagonal, y también pueden estar escritas al revés.

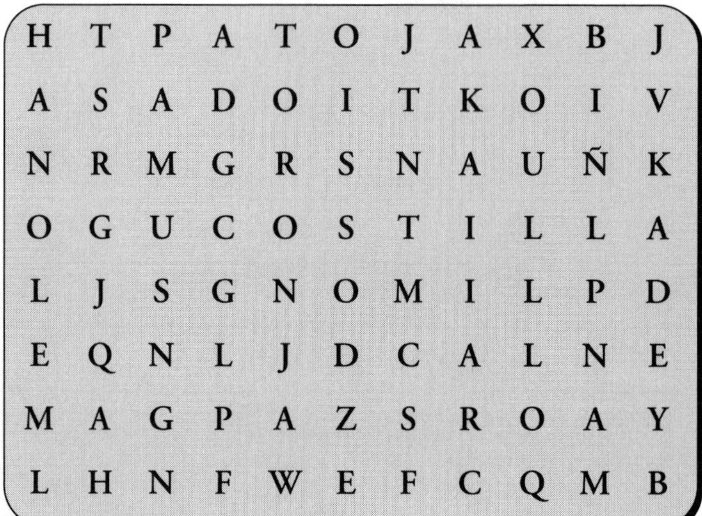

H	T	P	A	T	O	J	A	X	B	J
A	S	A	D	O	I	T	K	O	I	V
N	R	M	G	R	S	N	A	U	Ñ	K
O	G	U	C	O	S	T	I	L	L	A
L	J	S	G	N	O	M	I	L	P	D
E	Q	N	L	J	D	C	A	L	N	E
M	A	G	P	A	Z	S	R	O	A	Y
L	H	N	F	W	E	F	C	Q	M	B

14 Un verano estupendo

El año pasado tus vacaciones fueron realmente divertidas. ¿Qué hiciste? ¿Por dónde anduviste? ¿Visitaste alguna ciudad interesante? ¿Estuviste con tus amigos explorando el área donde viven? ¿Practicaste deportes? ¿Tuviste muchas fiestas y cenas elegantes? ¿Qué comiste? ¿Dormiste mucho? Escribe una carta a un amigo o amiga. Describe todo lo que hiciste el verano pasado y dile por qué tus vacaciones fueron tan divertidas.

____

____

____

____

____

____

____

____

____

____

Nombre: ____________________ Fecha: ____________

Lección 10

1 Buscando un vestido

Completa las oraciones sobre tiendas y ropa con las palabras de la lista.

surtido	dependiente	vestidor
decidir	a rayas	probarse
tela	desteñido	aconsejarme

1. Me encanta este vestido ____________ rojas y blancas.
2. ¿Por qué no vamos a la tienda del centro comercial? Tienen mejor ____________, y es mucho más barata.
3. Cuando Martina le dijo al ____________ que quería ____________ el vestido, él le mostró el ____________.
4. Para un vestido elegante, la mejor ____________ es la seda.
5. En la otra tienda tenían un vestido de un color muy feo. Parecía ____________.
6. Yo nunca sé qué ropa comprarme. Mis amigas siempre tienen que ____________ lo que debo comprar.
7. Con tantos zapatos, es difícil ____________ cuál comprar.

2 El Caribe

Contesta las preguntas según los datos sobre el Caribe de la Lección 10, en *Somos así LISTOS.*

1. ¿Cuáles son los tres países del Caribe donde se habla español?

____

2. ¿Cómo son las playas y el clima de esos países?

____

3. ¿En qué deportes se destacan las tres naciones?

____

4. ¿Qué tres ritmos musicales del Caribe se bailan en todo el mundo?

____

Nombre: ______________________________ Fecha: ______________

3 ¿Qué estaban haciendo?

Mira los dibujos y di lo que estaban haciendo las siguientes personas ayer por la tarde. Usa el imperfecto progresivo y la información dada.

1. Sandra y Carmen/buscar/vestido

____

____

____

2. Sandra/mirar/vestidos a rayas

____

____

____

3. Carmen/ver/precios/vestidos a cuadros

____

____

____

4. el dependiente/ayudar/otra persona

____

____

____

5. una niña/probarse/un sombrero

____

____

____

6. la señora/pagar/la caja

____

____

____

Nombre: ______________________ Fecha: ______________

4 Mientras, en casa...

¿Qué hacían ayer los amigos de Carmen y Sandra mientras ellas estaban en la tienda? Usa el imperfecto progresivo de los verbos de la lista.

preparar mirar leer cortar jugar trabajar comprar estudiar esperar bañarse

1. Juan ______________________ un pollo asado.
2. Raquel y Eloísa ______________________ las cebollas para la ensalada.
3. Joaquín ______________________.
4. Edith ______________________ la televisión.
5. Papá y mamá ______________________ las bebidas en el supermercado.
6. Los niños de Edith ______________________ en su cuarto.
7. El abuelo ______________________ el periódico.
8. Tú ______________________ en la biblioteca.
9. Yo______________________ en la tienda.
10. Ustedes ______________________ el autobús.

Nombre: ______________________ Fecha: ______________

5 Sigamos practicando

Forma ocho oraciones en el progresivo (presente o imperfecto) tomando elementos de cada columna. Haz todos los cambios necesarios.

A	B	C
yo	seguir	cocinar muy bien
tú	andar	buscar un vestido elegante
Sandra	continuar	manejar desde su casa
Luis y Margarita	venir	tomar clases de cocina
ustedes	estar	jugar en el jardín
nosotros		viajar a Puerto Rico todos los años
los niños		leer esa novela sobre Cuba
tú y yo		comer mucha carne de res

1. ______________________________

2. ______________________________

3. ______________________________

4. ______________________________

5. ______________________________

6. ______________________________

7. ______________________________

8. ______________________________

Nombre: ______________________________ Fecha: ____________________

6 ¡Todavía!

Ayer, Julieta llamó a sus amigos para ir de compras pero ellos le dijeron que estaban haciendo una variedad de cosas. Hoy los llamó otra vez y ¡seguían haciendo lo mismo! Julieta llama a su hermana y le cuenta todo lo que pasó. Completa sus oraciones usando los verbos que se indican entre paréntesis.

Ayer llamé a Juan y a Antonio y estaban jugando al béisbol. Hoy los llamé otra vez y seguían jugando. (seguir)

1. Ayer llamé a Lorena y estaba cocinando.

   Hoy la llamé otra vez y ____________________. (seguir)

2. Ayer llamé a Pedro y estaba esperando a sus amigos de Puerto Rico.

   Hoy lo llamé otra vez y ____________________ a sus amigos. (continuar)

3. Ayer llamé a Nicolás y estaba durmiendo.

   Hoy lo llamé otra vez y ____________________. (seguir)

4. Ayer llamé a Elena y María Luisa y estaban comprando ropa en el centro comercial.

   Hoy las llamé otra vez y ____________________ más ropa. (andar)

5. Ayer te llamé a ti y estabas friendo frijoles.

   Hoy te llamo otra vez y ____________________ frijoles. (seguir)

6. Nosotros estábamos paseando por la calle.

   Hoy ____________________ por la calle otra vez. (venir)

7. Ustedes estaban estudiando en su cuarto para el examen.

   ¡Esta tarde ____________________ para el examen! (seguir)

8. Yo estaba llamando por teléfono a todos mis amigos.

   Hoy ____________________ por teléfono a todos mis amigos. (continuar)

7 Sopa de letras

Encuentra catorce palabras relacionadas con las compras en una joyería. Las palabras están organizadas en forma horizontal, vertical y diagonal, y tambien pueden estar escritas al revés.

E	F	S	U	N	E	W	P	N	S	J	A
Z	T	P	Z	A	R	C	I	L	L	O	Y
B	I	A	Ñ	F	U	Q	E	V	I	Z	R
R	P	S	I	L	B	M	D	O	B	E	I
J	O	Y	E	R	I	A	R	T	C	T	K
D	D	H	S	A	C	O	A	I	G	N	Y
A	Y	M	M	H	Y	G	B	L	C	A	I
O	P	R	E	C	I	O	S	A	V	M	H
K	D	C	R	D	M	R	J	K	T	A	J
S	X	O	A	G	A	E	D	B	Ñ	I	C
R	P	W	L	D	R	L	E	X	A	D	E
L	U	R	D	O	E	V	L	O	K	Q	U
A	T	I	A	X	C	N	F	A	L	J	W
Q	U	O	N	T	M	R	A	H	P	Z	O

Nombre: ______________________ Fecha: ______________

8 De un modo u otro...

Completa las oraciones con un adverbio terminado en *-mente.* Usa los adjetivos de la caja para formar los adverbios.

1. A Juan le gusta manejar muy ______________ y con mucho cuidado.
2. A mí me encanta viajar al Caribe, ______________ a la República Dominicana.
3. ______________, en esas playas siempre hace buen tiempo.
4. Yo fui a Puerto Rico ______________ una vez. ¡Y me encantó!
5. Yo los comprendo ______________.
6. Carmen y Sandra salen juntas muy ______________.
7. ______________ los muchachos van a comprar ropa al centro comercial.
8. El bus 32 te lleva al centro muy ______________.

Nombre: ______________________ Fecha: ______________

9 Preguntas personales

Contesta las siguientes preguntas personales.

1. ¿Cuánto tiempo hace que estudias español?

____

2. ¿Cuánto tiempo hace que no te compras un pantalón?

____

3. ¿Cuánto tiempo hace que vienes a esta escuela?

____

4. ¿Cuánto tiempo hace que no llamas a tus tíos por teléfono?

____

5. ¿Cuánto tiempo hace que conoces a tu mejor amigo(a)?

____

10 Palabras revueltas

Ordena las siguientes palabras. Clave: todas se relacionan con una cena especial.

1. gragrea ______________
2. zoedera ______________
3. ades ______________
4. robas ______________
5. dtoiesv ______________
6. jysao ______________
7. ledargbaa ______________
8. oclisiade ______________
9. nagetele ______________

11 Una noche muy agradable

Hacía mucho tiempo que Analía no veía a su amigo Ernesto. Los dos fueron juntos a cenar. Cuando vuelve a casa, Analía le cuenta todo a su hermana Lucrecia. Repite lo que le dijo, siguiendo el modelo.

¡Nos divertimos tanto! (mucho tiempo)
Hacía mucho tiempo que no nos divertíamos tanto.

1. ¡Comimos cosas tan ricas! (mucho)

____

____

2. ¡Hablamos de cosas muy interesantes! (meses)

____

____

3. ¡Fuimos al restaurante cubano! (dos años)

____

____

4. ¡Después fuimos a bailar al club Jazz Caribe! (seis meses)

____

____

5. Finalmente, tomamos el café y el postre en la cafetería Isla Verde. (un mes)

____

____

6. Luego, fuimos a pasear en su coche deportivo. (años)

____

____

Nombre: ______________________ Fecha: ______________

12 En el centro comercial

Tienes un(a) amigo(a) en Puerto Rico y siempre se escriben por e-mail. Poco a poco se van contando lo que hacen. Escríbele un mensaje sobre la última vez que fuiste de compras al centro comercial. ¿Qué buscabas? ¿Te ayudó el dependiente? ¿Cómo eran las tiendas? ¿Tenían un buen surtido? ¿Te probaste muchas cosas? ¿Compraste algo caro y elegante?

Nombre: ______________________ Fecha: ______________

CAPÍTULO 6

Lección 11

Bolivia

A. Escribe en los espacios la letra de la respuesta que corresponda a cada definición.

________	1. Nombre oficial de Bolivia.	A. Sucre
________	2. Lengua oficial de Bolivia.	B. Titicaca
________	3. Nombre del área en la que está ubicada Bolivia.	C. aymara
________	4. Nombre del lago navegable más alto del mundo.	D. República de Bolivia
________	5. Capital administrativa de Bolivia.	E. La Paz
________	6. Capital constitucional de Bolivia.	F. Antiplano

B. ¿Dónde se encuentran los siguientes lugares? Escribe el nombre de cada uno en los espacios que corresponda.

La Paz	lago Titicaca	lago Poopó
Potosí	Sucre	

1. ______________
2. ______________
3. ______________
4. ______________
5. ______________

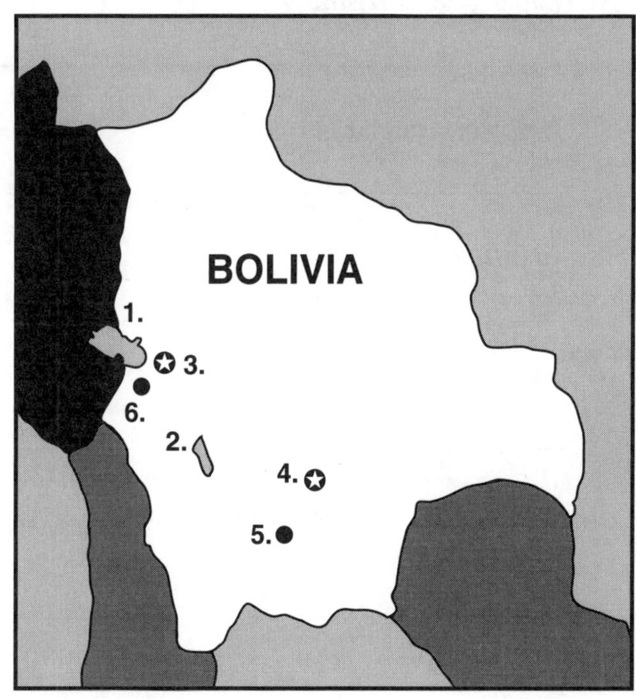

Nombre: ______________________ Fecha: ______________

2 ¡Todos tienen que ayudar!

Imagina que tienes muchos hermanos y hermanas, y todos tienen que ayudar a tu mamá a la hora de arreglar la casa. Éstos son algunos quehaceres que ella quiere que hagan. Haz mandatos indirectos, usando el subjuntivo y las indicaciones dadas.

Teresa/limpiar el piso
Que Teresa limpie el piso.

1. María/poner la mesa
   ____
2. Pedro/barrer la sala
   ____
3. ellos/colgar la ropa
   ____
4. tú/pasar la aspiradora por la alfombra
   ____
5. los niños/lavar los platos
   ____
6. papá/sacar la basura
   ____
7. nosotros/arreglar la casa
   ____
8. Juan/hacer las camas
   ____
9. Elena y Patricia/lavar los platos
   ____
10. Tomás/seguir preparando la comida
    ____

Nombre: ______________________________ Fecha: ____________________

3 Las relaciones familiares

¿Qué dice el siguiente artículo sobre las relaciones familiares? Léelo y luego decide si las siguientes oraciones son ciertas(C) o falsas (F).

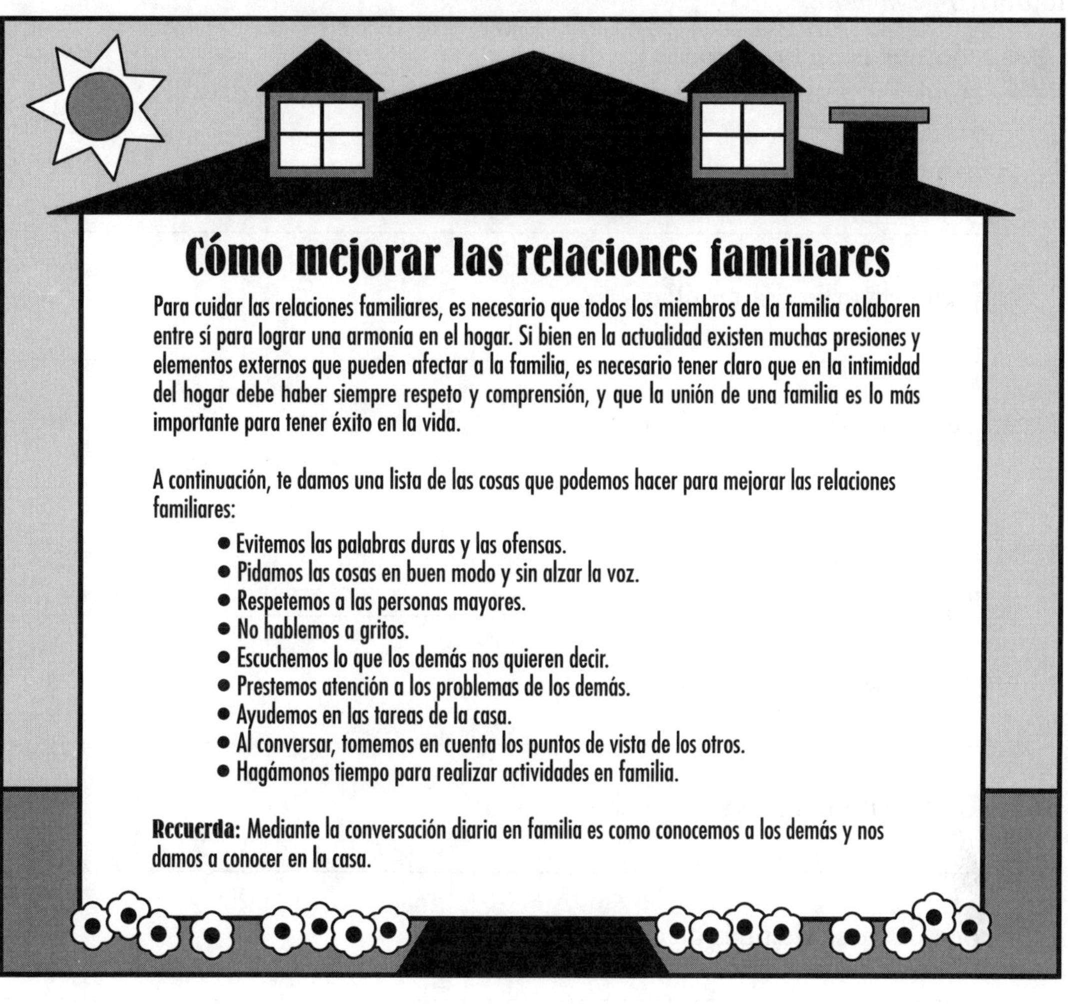

Cómo mejorar las relaciones familiares

Para cuidar las relaciones familiares, es necesario que todos los miembros de la familia colaboren entre sí para lograr una armonía en el hogar. Si bien en la actualidad existen muchas presiones y elementos externos que pueden afectar a la familia, es necesario tener claro que en la intimidad del hogar debe haber siempre respeto y comprensión, y que la unión de una familia es lo más importante para tener éxito en la vida.

A continuación, te damos una lista de las cosas que podemos hacer para mejorar las relaciones familiares:

- Evitemos las palabras duras y las ofensas.
- Pidamos las cosas en buen modo y sin alzar la voz.
- Respetemos a las personas mayores.
- No hablemos a gritos.
- Escuchemos lo que los demás nos quieren decir.
- Prestemos atención a los problemas de los demás.
- Ayudemos en las tareas de la casa.
- Al conversar, tomemos en cuenta los puntos de vista de los otros.
- Hagámonos tiempo para realizar actividades en familia.

Recuerda: Mediante la conversación diaria en familia es como conocemos a los demás y nos damos a conocer en la casa.

________ 1. Dice que la unión de la familia es lo más importante.

________ 2. Dice que en la actualidad no existen presiones.

________ 3. Dice que pidamos las cosas de mal modo *(manner).*

________ 4. Dice que evitemos *(avoid)* las ofensas.

________ 5. Dice que respetemos a los mayores.

________ 6. Dice que no ayudemos en las tareas de la casa.

________ 7. Dice que hagamos tiempo para realizar actividades en familia.

________ 8. Dice que escuchemos los puntos de vista de los otros.

Nombre: ______________________________ Fecha: ____________________

4 ¿Qué otra cosa quiere?

Algunos miembros de tu familia quieren que tú y tu hermano hagan ciertas cosas. Haz mandatos indirectos, usando *querer*, las indicaciones dadas y la forma correcta del subjuntivo de *nosotros*.

dormir ocho horas todos los días
Quieren que (nosotros) durmamos ocho horas todos los días.

1. pedir permiso para salir
____
2. conseguir la armonía familiar
____
3. no decir mentiras
____
4. ayudar con los quehaceres
____
5. arreglar el cuarto
____
6. no molestar en la mesa
____
7. recoger la mesa después de cenar
____
8. no hablar a gritos
____
9. sentir amor por la familia
____

Nombre: ______________________________ Fecha: ____________________

5 Sopa de letras

Encuentra ocho palabras relacionadas con la familia. Las palabras están organizadas en forma vertical, horizontal, diagonal y también pueden estar escritas al revés.

X	J	I	K	L	Z	B	O	C	D	E	K	L
H	M	U	V	W	Y	L	F	G	H	I	J	P
E	N	T	S	X	E	R	Q	P	O	N	M	A
R	Ñ	Q	R	U	S	T	U	V	W	X	Y	D
M	O	P	B	P	Q	H	O	G	A	R	Z	R
A	B	A	I	R	S	B	M	P	R	T	A	E
N	C	D	S	T	D	C	Ñ	Q	S	U	V	I
A	E	F	A	U	E	F	M	Y	Z	D	B	B
S	G	H	B	V	G	H	X	A	M	A	M	C
T	I	J	U	W	I	J	W	P	R	J	E	D
R	K	L	E	X	K	L	V	Q	O	I	G	H
O	M	Ñ	L	Y	Z	E	U	R	N	L	D	I
X	O	R	O	P	A	D	R	A	S	T	R	O

6 Que te vaya bien...

¿Qué dices en las siguientes situaciones? Escribe en los espacios la letra del deseo *(wish)* apropiado de la columna a la derecha que corresponda con cada comentario de la columna a la izquierda.

_________ 1. Me voy a acostar.
_________ 2. Me siento mal.
_________ 3. Tengo un examen el lunes.
_________ 4. Vamos al cine.
_________ 5. Voy en avión a Bolivia.
_________ 6. Estoy apurado.
_________ 7. Marta y Ángel tienen cumpleaños.

A. Que te vaya bien en el viaje.
B. Que llegues a tiempo.
C. Que sean muy felices.
D. Que duermas bien.
E. Que sepas todas las respuestas.
F. Que estés mejor.
G. Que den una buena película.

Nombre: ______________________ Fecha: ______________

7 La reunión familiar

Jorge está ayudando a su mamá a organizar una reunión con todos los parientes. Completa el siguiente diálogo, usando el subjuntivo de los verbos entre paréntesis.

MAMÁ: Jorge, necesito que tú (1) ______________ (ir) a la casa de la abuela ahora mismo.

JORGE: ¿Para qué?

MAMÁ: Quiero que tú le (2) ______________ (dar) esta lista de los parientes.

JORGE: Estoy muy cansado... ¿puedo ir mañana?

MAMÁ: No (3) ______________ (ser) perezoso. Quiero que la abuela (4) ______________ (saber) hoy quiénes vienen a la reunión del domingo.

JORGE: Muy bien, lo que tú (5) ______________. (decir) ¿Vienen a la reunión los primos de La Paz?

MAMÁ: No, Jorge. No creo que ellos (6) ______________ (estar) en la ciudad.

JORGE: ¡Qué lástima! A mí me gusta mucho que ellos (7) ______________ (venir) a las reuniones.

MAMÁ: ¿Por qué no los llamas por teléfono para que (8) ______________ (venir)?

JORGE: Buena idea. Ahora mismo los llamo.

MAMÁ: Jorge, ¿y la abuela?

8 Tú ganas...

Estás en una reunión familiar y tus parientes hablan sobre diferentes cosas. Completa las oraciones con las palabras de la lista.

rayada	Tú ganas	adentro	nos encargamos de
abajo	al aire libre	sótano	muebles

1. Compramos ______________ nuevos para la sala.
2. Nosotros mismos ______________ arreglar la casa.
3. Abajo de la casa, en el ______________, guardamos muchas cosas.
4. Tuve que pintar la cerca porque estaba ______________.
5. ______________. Siempre tienes razón.
6. Ayer fue un día hermoso. Estuvimos todo el tiempo ______________.

Nombre: ______________________________ Fecha: ____________________

¡A arreglar la casa!

La familia de Teresa se fue de vacaciones a su casa de campo. Cuando llegan, todos tienen que arreglar la casa. Contesta las siguientes preguntas, usando las indicaciones entre paréntesis.

¿Qué quiere la mamá de Teresa? (ellos limpiar el sótano)
La mamá de Teresa quiere que ellos limpien el sótano.

1. ¿Qué dice Teresa? (Pablo arreglar el mueble rayado)

   ____

2. ¿Qué prefiere Pablo? (Juan y él cortar el césped)

   ____

3. ¿Qué ordenan ustedes? (Ana pasar la aspiradora)

   ____

4. ¿En qué insisten ellos? (nosotros limpiar el ático)

   ____

5. ¿Qué aconsejas tú? (ellos colgar la ropa)

   ____

6. ¿Qué pide Teresa? (nosotros encargarnos de hacer las camas)

   ____

7. ¿Qué necesita el papá de Teresa? (Pablo ayudar a su abuelo a salir del carro)

   ____

8. ¿Qué quiere la mamá de Teresa? (su esposo comprar algunos muebles)

   ____

9. ¿Qué decide Teresa? (todos descansar un poco al aire libre)

   ____

Nombre: ______________________ Fecha: ______________

10 En la casa de Teresa

A. Escribe otra vez las siguientes oraciones sin usar el subjuntivo.

Teresa nos invita a nosotros a que vayamos a su casa de campo.
Teresa nos invita a ir a su casa de campo.

1. Su mamá los manda a Teresa y a Juan a que limpien el cuarto.

   ____

2. Juan deja que sus amigos jueguen al aire libre.

   ____

3. Mi papito me manda que yo vaya arriba.

   ____

4. El abuelo permite que nosotros veamos su carro.

   ____

5. Ellos hacen que yo estudie mucho.

   ____

B. Escribe otra vez las siguientes oraciones, usando el subjuntivo.

Mamá nos hace arreglar nuestro cuarto.
Mamá hace que nosotros arreglemos nuestro cuarto.

1. Tus papás te permiten ir a la fiesta.

   ____

2. Teresa me hace subir al ático.

   ____

3. Juan nos deja entrar en su cuarto.

   ____

4. La abuela nos manda jugar al aire libre.

   ____

5. Teresa te invita a almorzar con sus parientes.

   ____

Nombre: ______________________________ Fecha: ____________________

11 Cosas de la casa

Identifica las siguientes cosas de la casa de Teresa.

1. ____________________
2. ____________________
3. ____________________
4. ____________________
5. ____________________
6. ____________________
7. ____________________
8. ____________________
9. ____________________
10. ____________________

Nombre: ______________________ Fecha: ______________

12 Necesito que...

Imagina que vas a dar una fiesta para todos tus primos y primas. Los miembros de tu familia te van a ayudar a limpiar y arreglar la casa. Escribe lo que insistes en, quieres, prefieres, pides y necesitas que los miembros de tu familia hagan.

Nombre: ______________________________ Fecha: ____________________

Lección 12

1 Los países bolivarianos

Pon un círculo alrededor de la respuesta que completa correctamente las oraciones sobre los países bolivarianos según la información de la Lección 12 en *Somos así LISTOS.*

1. Los países bolivarianos incluyen Bolivia, Colombia, Ecuador, Perú y...
   A. Chile.
   B. Uruguay.
   C. Venezuela.

2. Simón Bolívar ayudó a libertar *(liberate)* estas repúblicas de...
   A. los franceses.
   B. los españoles.
   C. los ingleses.

3. Bolívar es conocido como...
   A. el Libertador y el héroe nacional.
   B. el Gran Libertador de los españoles.
   C. el héroe mundial.

4. El Libertador nació en...
   A. Sucre, Bolivia.
   B. Santa Marta, Colombia.
   C. Caracas, Venezuela.

5. El sueño de Bolívar era unir las cinco repúblicas en una nación llamada...
   A. la Gran Colombia.
   B. Bolivia.
   C. el Libertador.

6. Bolívar murió en...
   A. Caracas, Venezuela.
   B. Santiago, Chile.
   C. Santa Marta, Colombia.

7. El objetivo de los países bolivarianos es...
   A. la independencia.
   B. la unidad.
   C. el héroe nacional.

Nombre: ______________________ **Fecha:** ______________

2 Me parece bien que...

Completa las siguientes oraciones usando el subjuntivo de los verbos entre paréntesis.

1. A Óscar le parece bien que su hermano pequeño ______________ las reglas de la casa. (seguir)
2. A mamá le agrada que nosotros ______________ la casa. (arreglar)
3. Espero que tú ______________ temprano esta noche. No quiero que ______________ problemas con papi. (regresar/tener)
4. Ana teme que no ______________ venir a la fiesta de mi cumpleaños. (poder)
5. A ellos les preocupa que no ______________ mucho tiempo para estudiar antes de exámen. (haber)
6. A nosotros nos parece mal que no ______________ en carro a la reunión. (ir)
7. Siento que ellos se ______________ cuando salgo con mis amigos. (preocupar)
8. A papá le molesta que mi hermana no ______________ por teléfono cuando sale. (llamar)
9. Tengo miedo que Jorge se ______________ las llaves del carro en la fiesta. (olvidar)
10. Dudo que Sergio ______________ traer temprano a Claudia a su casa. (querer)

Nombre: ______________________ Fecha: ______________

3 La fiesta

Juana y Sergio fueron a una fiesta en la casa de un amigo. Juana expresa su opinión sobre lo que pasa en la fiesta, pero Sergio duda todo lo que ella dice. Escribe otra vez las siguientes oraciones en forma negativa. Haz los cambios necesarios.

Creo que Iván no la está pasando bien.
No creo que Iván no la esté pasando bien.

1. Creo que la fiesta recién empieza.

____

____

2. Estoy segura que el aire acondicionado no trabaja bien.

____

____

3. Pienso que la fiesta está divertida.

____

____

4. Creo que Ana regresa pronto con más comida.

____

____

5. Creo que la música está muy fuerte.

____

____

6. Pienso que Simón tiene una casa muy bonita.

____

____

7. Estoy segura de que Paula y Ana llegan a tiempo para cortar la torta.

____

____

8. Creo que Ana se encarga de prepara la mesa con la comida.

____

____

Nombre: ______________________________________ **Fecha:** ______________________

Sopa de letras

Encuentra ocho verbos de emoción. Las palabras están organizadas en forma vertical, horizontal, diagonal y también pueden estar escritas al revés.

S	C	O	M	P	L	A	C	E	R
F	A	D	U	R	G	U	S	R	A
A	Z	L	W	R	I	T	N	E	S
S	L	L	E	B	N	M	O	P	E
C	Y	U	A	G	R	A	D	A	R
I	R	O	P	V	R	Q	U	S	E
N	O	G	U	S	T	A	R	I	T
A	E	W	R	I	O	M	R	V	N
R	A	T	N	A	C	N	E	R	I

 Me encantan los restaurantes

¿Qué piensan y sienten las siguientes personas? Escribe cinco oraciones, combinando elementos de cada columna.

 A María le encanta que hagas reuniones.

A	B	C	D
María	alegrar	su familia	ir a un restaurante
yo	complacer	ustedes	comer en la casa
nosotros	encantar	tú	ir a una fiesta
mis amigos	fascinar	Lucas	hacer reuniones
tú	interesar	yo	pedir comida para la casa

RESTAURANTE **LA CASCADA**

ESPECIALIDADES

CARNES A LA PARRILLA - CAMARONES - PESCADOS - MARISCOS

Teléfonos: **555-5353 – 555-8768**

Público: **555-6590** Fax: **555-6947** Apdo. **4667-100**

TODO EL TIEMPO ATENDIDO POR SUS DUEÑOS DESDE 1995

SERVIMOS COMIDAS PREPARADAS PARA LLEVAR

600 mts. al oeste del puente Los Anonos. San Rafael, Escazú

1. ______________________________

2. ______________________________

3. ______________________________

4. ______________________________

5. ______________________________

Nombre: ______________________________ Fecha: ______________

6 Es importante que...

Tus padres te dan permiso para ir un fin de semana de viaje con tus amigos y amigas. Escribe oraciones completas, usando las indicaciones dadas.

mejor/tú/llevar poca ropa para el viaje
Es mejor que tú lleves poca ropa para el viaje.

1. importante/ustedes/tener mucho cuidado

   ____

2. necesario/tú/llamar por teléfono al llegar

   ____

3. posible/hacer mucho calor

   ____

4. conviene/Antonio y Pedro/ir contigo a las excursiones

   ____

5. imposible/Elena/no divertirse en el viaje

   ____

6. lástima/nosotros/no ir

   ____

7. preciso/nadie/estar solo

   ____

8. más vale/tú/llamarnos/cuando regreses

   ____

9. probable/tía María/recogerte con el carro

   ____

10. importante/todos/pasarla bien

    ____

Nombre: ______________________ Fecha: ______________

7 ¿Qué opinas?

Imagina que estás de viaje con tus amigos y amigas. Di lo que piensas que cada uno debe hacer. Escribe seis oraciones completas, usando las expresiones de la caja. Usa tu imaginación.

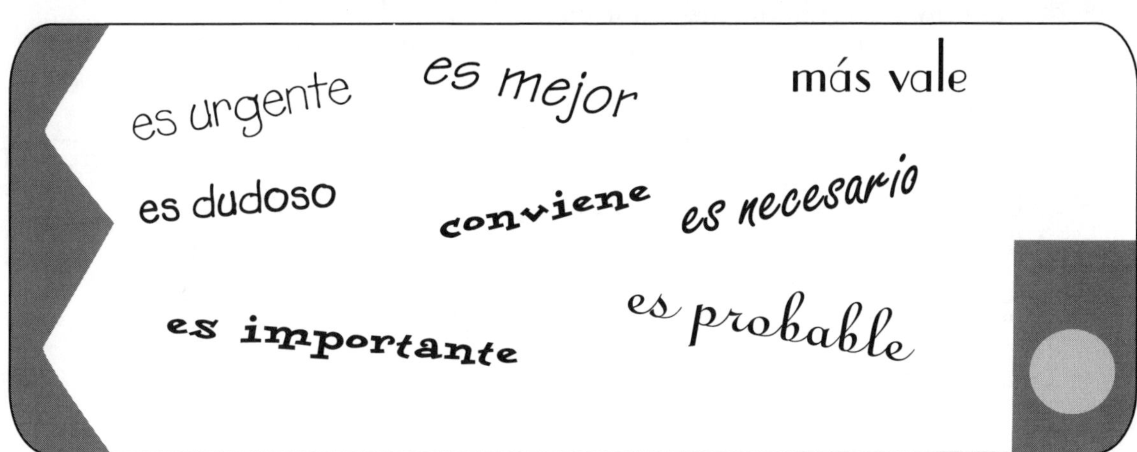

1. ______________________________
2. ______________________________
3. ______________________________
4. ______________________________
5. ______________________________
6. ______________________________

8 Los aparatos de la casa

Mira las ilustraciones y haz oraciones completas, usando las indicaciones dadas. Sigue el modelo.

ser segura
Quiero una cerradura que sea segura.

1. 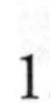 

2. 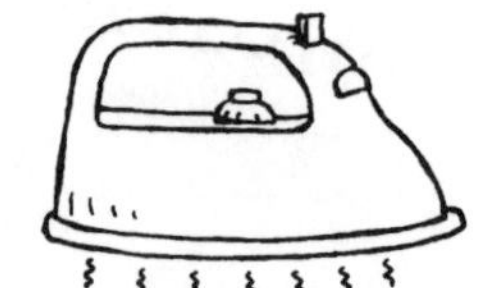

3. 

4. 

5. 

6. 

1. poder hacer licuados de leche *(milkshakes)*

   ____

2. tener vapor

   ____

3. sonar fuerte

   ____

4. ser grande

   ____

5. hacer cuatro tazas de café

   ____

6. ser larga

   ____

Nombre: ______________________________ Fecha: ____________________

9 Su casa

Lee el siguiente anuncio de la tienda SU CASA y responde las preguntas

SU CASA® tiene los mejores precios en aparatos para el hogar.
Todo lo que busca, todo lo que necesita está aquí.
Planchas, cafeteras, licuadoras, batidoras, hornos microondas, tostadoras, procesadoras de alimentos y muchos otros aparatos más.
Lo que no encuentra en nuestra tienda, no lo encuentra en ningún otro lado.
Tenemos lo último en el mercado al precio más barato.
Si no tiene tiempo para visitar una de las diez tiendas que se encuentran en todo el país, llámenos por teléfono y nosotros le enviaremos lo que necesita. También puede pedir un catálogo con los artículos que vendemos.
No espere ni un minuto más, y entre en la honda de **SU CASA®**.

¡¡¡LO ESPERAMOS!!!

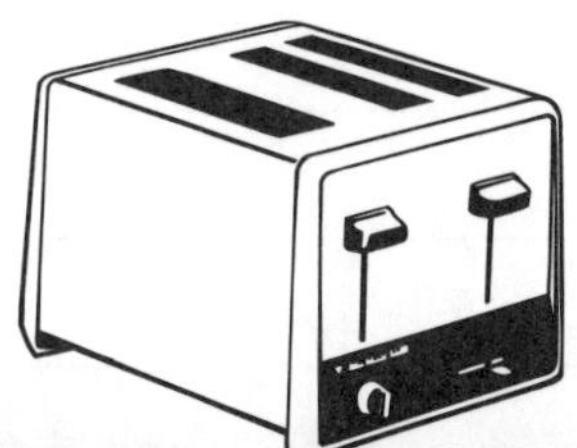

SU CASA® 257 Calle 27 Sucre, Bolivia Teléfono: 555-7899

1. ¿Qué tipo de aparatos vende SU CASA?

   ____

2. Nombra cuatro aparatos para la cocina que vende.

   ____

3. ¿Cómo son los precios de SU CASA?

   ____

4. ¿Qué puede hacer la gente que no tiene tiempo para ir a la tienda?

   ____

5. ¿Cuántas tiendas de SU CASA hay en el país?

   ____

Nombre: ______________________ Fecha: ______________

10 Las reglas de los padres

¿Tienes reglas en tu casa? ¿Qué quieren tus padres que tú y tus hermanos hagan? ¿Cómo se sienten y qué piensan en ciertas situaciones? Escribe un párrafo sobre lo que tus padres desean. También incluye tu opinión sobre estas reglas. Incluye verbos de emoción, de duda y expresiones personales.

Nombre: ______________________ Fecha: ______________

CAPÍTULO 7

Lección 13

1 El Uruguay

¿Dónde se encuentran los siguientes lugares en el mapa? Escribe el nombre de cada uno en los espacios correspondientes.

Argentina	Río de la Plata	Punta del Este
Brasil	Montevideo	Océano Atlántico

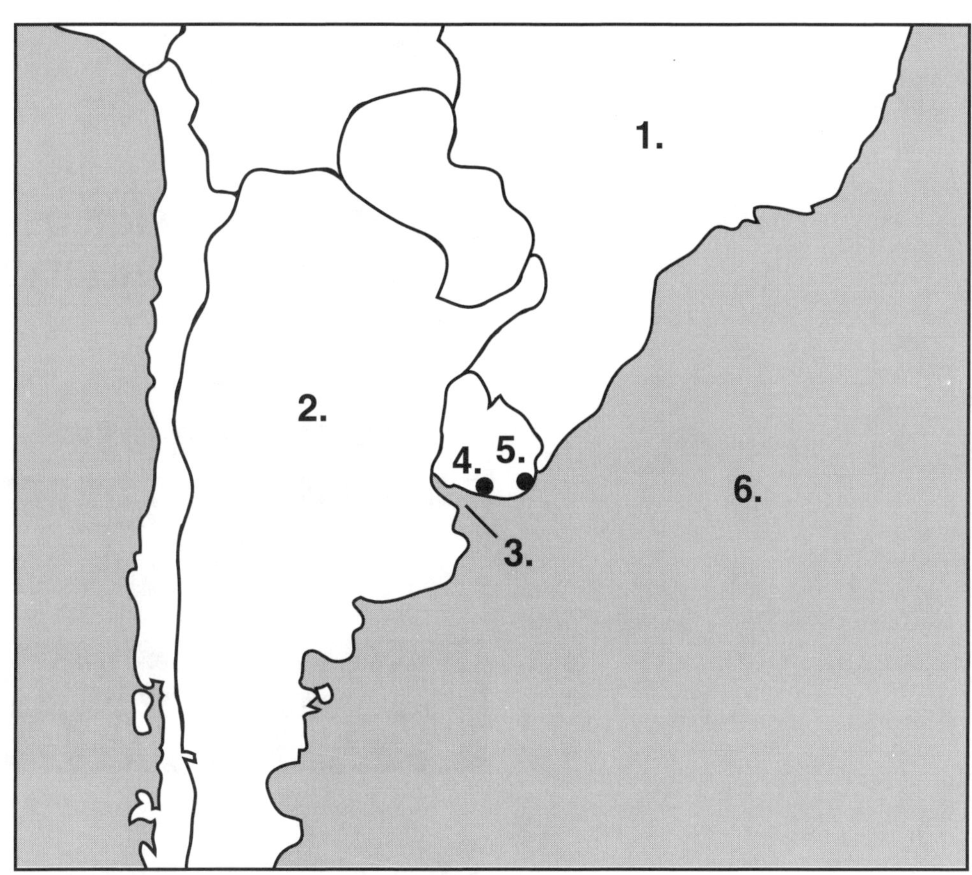

1. ______________
2. ______________
3. ______________
4. ______________
5. ______________
6. ______________

Nombre: ______________________ Fecha: ______________

Diferentes noticias

Lee los titulares *(headlines)* de la columna de la derecha y decide qué palabra de la columna de la izquierda describe el tipo de noticia del titular. Escribe la letra apropiada en los espacios.

_______ 1. un misterio

_______ 2. un suceso

_______ 3. una protesta

_______ 4. una reunión

_______ 5. un accidente

_______ 6. un crimen

_______ 7. una catástrofe

A. **Asesinan a famoso cantante de rock**

B. ■ **Chocan dos carros en avenida Pilar; no hubo heridos**

C. **EXPLOTA UN FÁBRICA DE ACERO; 32 MUERTOS Y 54 HERIDOS**

D. **Huelga de los trabajadores de trenes**

E. **Misteriosa desaparición de un perro**

F. • **Reunión internacional sobre la infancia**

G. ***Visita del Papa en Uruguay***

Nombre: ______________________ Fecha: ______________

Noticias de Punta del Este

Lee la siguiente noticia sobre Punta del Este, en Uruguay. Luego, pon un círculo alrededor de los verbos que estén en participio pasado. Busca en el diccionario las palabras que no conozcas.

Ola de turistas en Punta del Este

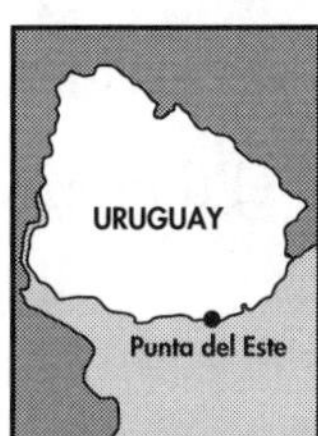

AFP/Punta del Este Este verano ha habido una gran cantidad de turistas en la ciudad balnearia de Punta del Este. Se dice que esta temporada ha sido la mejor de la década. No sólo han visitado la ciudad turistas argentinos, como ha sido tradición hasta este año, sino también turistas brasileños y europeos. De la mañana a la noche las playas han estado llenas de familias y jóvenes. Asimismo los hoteles han tenido muchas veces que poner el cartel de *"No hay habitaciones disponibles"*, algo que no ha sido muy común para Punta del Este en los últimos tiempos.

"Este verano la hemos pasado increíble", declaró una joven brasileña. "He vivido los mejores momentos de mi vida en Punta del Este."

Otro grupo de jóvenes franceses expresó: "Hemos ido a muchos lugares bonitos antes, pero éste es el más cálido y divertido para la juventud".

Sin duda, Punta del Este ha sido la elección de mucha gente para estas vacaciones. Aparentemente todos han tenido un muy buen tiempo, han tomado sol, se han divertido y ahora están listos para empezar un nuevo año.

Nombre: ______________________ Fecha: ______________

4 Las noticias del día

¿Cuáles son las noticias del día? Escribe seis oraciones completas, combinando elementos de cada columna.

 Nosotros hemos escuchado la protesta de los vecinos.

A	B	C	D
yo	han	llegado	en la calle Caminos
un crimen	ha	hablado	las noticias sobre el robo
los heridos	he	sentido	sobre la catástrofe en el sur
tú	hemos	ido	mucho lo del accidente
nosotros	ha	escuchado	al hospital el domingo
el presidente	has	ocurrido	la protesta de los vecinos

1. ______________________________
2. ______________________________
3. ______________________________
4. ______________________________
5. ______________________________
6. ______________________________

Nombre: ______________________ Fecha: ______________

5 Resumen de noticias

Completa el siguiente resumen de noticias del año, usando el pretérito perfecto de los verbos entre paréntesis.

Últimas Noticias

El siguiente es un resumen de los acontecimientos más importantes que (1)__________ (ocurrir) durante el año: En enero (2)__________ (haber) un fuerte huracán en el país. Los vientos (3)__________ (barrer) varios pueblos de la costa este. Durante el mes de febrero los políticos se (4)__________ (reunir) para hablar sobre las protestas de la gente. En marzo una gran cantidad de personas (5)__________ (tener) accidentes de carro. En abril el presidente (6)__________ (viajar) a Europa para hablar sobre las catástrofes del país. En mayo y junio la policía de Montevideo (7)__________ (conseguir) resolver el misterio de los robos del "encapuchado" *(hooded)*. El ladrón (8)__________ (ir) a la cárcel por quince años. En agosto, los vecinos de Punta del Este (9)__________ (poder) ir a la playa debido a las altas temperaturas del tiempo. Finalmente, el mes pasado se (10)__________ (dar) celebraciones en todo el país en honor a la familia uruguaya.

Nombre: ______________________ **Fecha:** ______________

 6 En el zoológico

¿Qué ha pasado en el zoológico? Completa el siguiente diálogo, usando el participio pasivo de los verbos de la lista.

decir cerrar poner oír
ir ver volver hacer
romper leer traer

PEDRO:	Juan, ¿has (1) ______________ lo que pasó en el zoológico?
JUAN:	No, no he (2) ______________ las noticias en la televisión hoy.
PEDRO:	¿Tampoco has (3) ______________ el periódico?
JUAN:	No, lo único que he (4) ______________ es leer un libro.
PEDRO:	Bueno, te cuento. Han (5) ______________ en las noticias que alguien ha (6) ______________ la cerca de la jaula de los monos, y uno de éstos se ha escapado y todavía no ha (7) ______________ al zoológico.
JUAN:	¿Y no saben dónde se ha (8) ______________?
PEDRO:	No. Han (9) ______________ a expertos para capturarlo y han (10) ______________ policía en todo el zoológico.
JUAN :	¡Espero que lo encuentren pronto!
PEDRO:	¡Yo también!
JUAN	¿Y han (11) ______________ el zoológico?
PEDRO:	Sí, por supuesto.

Nombre: ______________________ Fecha: ______________

¿Todavía no lo has hecho?

Di si las personas han hecho o no las siguientes cosas, según los dibujos. Sigue los modelos.

Roberto/abrir la puerta
Roberto ya ha abierto la puerta.

Roberto/abrir la puerta
Roberto no ha abierto la puerta todavía.

1

2

3

4

5

6

1. Juan y Pablo/traer el periódico

____

2. María/escribir la carta para Jorge

____

3. los niños/romper la piñata

____

4. nosotros/poner la mesa para la cena

____

5. Mamá/hacer el pastel

____

6. Sara/volver a la casa

____

8 Pero Laura...

Andrés ha tenido un accidente y le cuenta a Laura lo que ha pasado. Completa el diálogo, usando el pretérito perfecto de los verbos entre paréntesis.

ANDRÉS: No (1)__________ nada bien hoy. (sentirse)

LAURA: ¿Por qué? ¿Qué te (2)__________? (pasar)

ANDRÉS: Esta mañana (3)__________ y creo que (4)__________ el pie. (caerse, romperse)

LAURA: ¿Estás seguro? Quizás sólo (5)__________. (lastimarse)

ANDRÉS: No creo. El pie me (6)__________ mucho todo el día. (doler)

LAURA: ¿Cómo (7)__________ el accidente? (ser)

ANDRÉS: Esta mañana(8)__________ y el suelo estaba resbaloso. (llover)

LAURA: Y la gente, (9)¿__________ y te __________? (pararse, ayudar)

ANDRÉS: Sí. Alejandra estaba conmigo y (10)__________ de la risa de verme. Yo también (11)__________ mucho. (morirse, reírse)

LAURA: ¿Alejandra (12)__________ contigo hoy?

ANDRÉS: Sí, Alejandra y yo (13)__________ a la biblioteca, y después (14)__________ el accidente... (ir, suceder)

LAURA: Ya veo lo que (15)__________ aquí. Adiós, Andrés. (ocurrir)

ANDRÉS: Pero Laura...

Nombre: ______________________________ Fecha: ______________________

9 Sopa de letras

Encuentra diez palabras relacionadas con la televisión. Las palabras están organizadas en forma vertical, horizontal, diagonal y también pueden estar escritas al revés.

Z	P	E	R	S	O	N	A	J	E
I	A	H	X	R	Q	M	N	K	O
R	G	M	O	I	A	F	U	E	C
T	S	T	P	R	T	L	N	D	I
C	C	R	G	N	I	O	C	J	L
A	N	O	R	A	M	L	I	F	B
G	R	A	B	A	D	O	O	C	U
P	B	O	F	A	M	O	S	O	P

10 ¿Cuál es tu preferido?

Completa las oraciones, usando el participio pasivo de los verbos entre paréntesis.

Los programas nacionales son mis preferidos. (preferir)

1. Ellos prefieren el canal 8 porque el 9 es muy __________________. (aburrir)
2. Los personajes me gustan mucho. Son muy __________________. (divertir)
3. Todos conocen a Antonio Banderas. Es un actor __________________. (conocer)
4. Laura se acaba de dormir. Está __________________. (dormir)
5. Juan tuvo un accidente y tiene el brazo __________________. (lastimar)
6. El perro de Ana es __________________ y __________________ por todos. (querer, cuidar)
7. La película de Jennifer López fue __________________ en el extranjero. (filmar)
8. El vaso se cayó al suelo y está __________________. (romper)
9. Los chicos no ven nada porque tienen los ojos __________________. (cubrir)
10. Los periodistas son a veces muy __________________. (exagerar)

Nombre: ______________________ Fecha: ______________

11 Todavía no he hecho...

Haz una lista de cinco cosas que has hecho hoy y de cinco cosas que todavía no has hecho.

Cosas que he hecho hoy:

1. ______________________

2. ______________________

3. ______________________

4. ______________________

5. ______________________

Cosas que todavía no he hecho:

1. ______________________

2. ______________________

3. ______________________

4. ______________________

5. ______________________

Nombre: ______________________________ Fecha: ____________________

Lección 14

En los periódicos

¿Qué hay en los periódicos? Escribe en los espacios la letra del recorte *(clipping)* que corresponde con cada palabra.

A.

Opinión sobre industriales*

Cualidades	Baja	Media baja	Media media	Media alta
Satisfacen sus gustos	70,6%	83,2%	82,9%	87,8%
Ofrecen productos de calidad	67,8%	75,2%	76,8%	80,4%
Se preocupan por su salud	64,8%	68,7%	65,5%	70,4%
Buenos precios	42,7%	53,7%	56,7%	62,6%

* Porcentajes de amas de casa, por clase social, que opinan favorablemente sobre las cualidades consultadas.

Fuente: Encuesta del CITA, efectuada en febrero.

B.

—¿En qué fue lo primero que pensaste cuando mencionaron tu nombre despúes del título Mister International?

—En mi Dios, en mi familia y en mi país.

—¿Además de los $5.000, que otros beneficios significa este título?

—Hice algunos contactos para modelar en París y Londres. Además en los próximos días viajaré a Estambul, país en el que se encuentran los mejores diseñadores del mundo.

—¿Este concurso es similar al Mister Universo?

—En el Mister Universo participan solo fisicoculturistas. Este es un evento sobretodo para modelos y representantes de todo el mundo. Es la primera vez que se realiza, por lo que no es muy conocido a nivel mundial.

C. **ROBO EN EL BANCO CENTRAL**

D. *Por fin, Álvaro Torres fue declarado "Cantautor Distinguido" de El Salvador*

REUTERS. SAN SALVADOR

Conocido en su país natal, pero no tan popular como es su deseo, el cantautor Alvaro Torres recibió el pasado fin de semana un reconocimiento de la Asamblea Legislativa de El Salvador.

E.

LA NACION®

CENTRAL TELEFONICA

247-4747

F.

Provincia y cantón	Monto original	Nuevo monto
SAN JOSE	965,6	921,8
* San José	119,6	108,8
Escazú	24,0	31,5
Desamparados	91,7	65,7
* Puriscal	69,5	52,8
Tarrazú	26,5	39,7
Aserrí	52,9	45,9
Mora	39,0	41,3
Goicoechea	49,4	43,5
Santa Ana	30,2	26,7
* Alajuelita	34,0	35,9
Vázquez de Coronado	30,7	30,0
Acosta	47,9	55,0
Tibás	31,3	31,7
* Moravia	22,2	23,2
Montes de Oca	23,7	23,9
Turrubares	34,9	52,7
Dota	26,7	41,1
* Curridabat	23,7	25,9
* Pérez Zeledón	139,1	105,7
León Cortés	38,6	39,9

________ 1. un artículo

________ 2. una entrevista

________ 3. un titular

________ 4. una encuesta

________ 5. una tabla

________ 6. un aviso

Nombre: ______________________ Fecha: ______________

2 El Paraguay

¿Qué sabes sobre el Paraguay? Lee las siguientes oraciones y pon un círculo alrededor de la respuesta correcta según la información en la Lección 14 de *Somos así LISTOS.*

1. El Paraguay se encuentra en el corazón de...
   A. América del Norte.
   B. América del Sur.
   C. Europa.

2. La capital del país es la ciudad de...
   A. Asunción.
   B. Lima.
   C. Montevideo.

3. La lengua nacional es...
   A. el español.
   B. el quechua.
   C. el guaraní.

4. El país está dividido en...
   A. diecinueve departamentos.
   B. tres regiones naturales.
   C. extensiones de tierra virgen.

5. Sus dos ríos principales son el Paraguay y...
   A. el Río de la Plata.
   B. el Paraná.
   C. el río Uruguay.

6. El clima de Paraguay es...
   A. frío.
   B. desértico.
   C. cálido.

Nombre: ______________________ Fecha: ______________

3 ¿Qué había hecho María?

¿Qué había hecho María hoy a la mañana? Contesta las preguntas según los dibujos.

1. ¿Qué había hecho María cuando desayunó?

____

____

2. ¿Qué había hecho cuando se vistió?

____

____

3. ¿Ya se había vestido cuando desayunó?

____

____

4. ¿Ya había hecho la cama cuando paseó al perro?

____

____

5. ¿Ya se había preparado para ir a la escuela cuando hizo la cama?

____

____

6. Di todas las cosas que María había hecho en la mañana cuando llegó el autobús.

____

____

 ¡Qué noticia!

Cuando Roberto se enteró de lo que le había pasado en el zoológico a su amiga Ana, le escribió a Luis una carta contándole la noticia. Completa su carta, usando el pretérito pluscuamperfecto de los verbos entre paréntesis.

Asunción, 10 de Febrero

Querido Luis:

Te escribó porque hoy me enteré de una noticia bastante seria pero con final feliz. El domingo pasado, mi amiga Ana y su familia, (1)________________ (ir) al zoológico de la ciudad de Asunción. Ésta (2)________________ (ser) la primera vez para Ana que iba al zoológico, y casi fue su última. Los padres de Ana (3)________________ (visitar) los gorilas, y luego, (4)________________ (ir) a ver las jirafas cuando se dieron cuenta de que Ana no estaba con ellos. Nadie la (5)________________ (ver). De pronto, oyeron unos gritos: ¡Ana (6)________________ (caerse) en la jaula de los leones! Un muchacho del zoológico la (7)________________ (ver) y saltó a ayudarla. Un león pequeño ya (8)________________ (morder) el pie de Ana. El muchacho, que ya (9)________________ (estar) con los leones antes y (10)________________ (hacer) esto antes, pudo sacar a Ana de la jaula. Gracias a él, Ana está viva.

Hasta la próxima carta,

Roberto

Nombre: ______________________ **Fecha:** ______________

5 Noticias en vivo

Lee el siguiente aviso del periódico sobre una emisora de radio paraguaya. Luego contesta las preguntas.

✯ RADIO UNO ✯

Escuche las noticias y los deportes en **RADIO UNO,** la emisora paraguaya. Narran en los micrófonos los comentaristas especiales Juan Ruiz y Gonzalo Pereira. Aficionados al fútbol: vivan todos los goles con la transmisión en vivo de todos los partidos.

RADIO UNO, brindando información durante diez años.

Sintonízala todos los días en 710 en la frecuencia AM.

1. ¿Cómo se llama la emisora de radio?

____

2. ¿Es éste un programa de radio para los aficionados de música?

____

3. ¿Cómo se llaman los comentaristas?

____

4. ¿Cómo se transmiten los partidos de fútbol?

____

5. ¿Cuántos años ha estado el programa brindando información?

____

6. ¿Te gustaría escuchar este programa? Explica.

____

____

Nombre: ______________________ Fecha: ______________

¿Cómo está el partido?

Completa los espacios con las palabras en itálica de las oraciones. Usa los prefijos *super, re, requete, archi, in* o *des,* según corresponda. Luego responde a la pregunta con la palabra escondida.

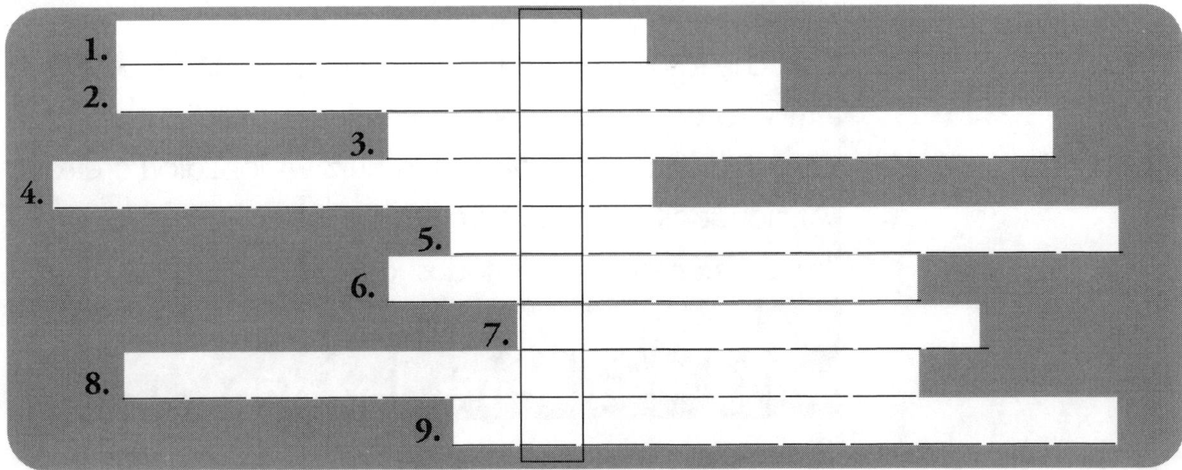

1. El comentarista que narra el partido es *muy famoso.*
2. El jugador número diez es *muy guapo.*
3. El árbitro del partido es *muy serio.*
4. El portero de Paraguay es *poco cortés* con el árbitro.
5. La emisora de radio es *muy buena.*
6. La camiseta que compran los aficionados al fútbol es *muy bonita.*
7. El comentarista era *poco culto.*
8. Los jugadores del equipo de Bolivia son *muy malos.*
9. El partido está *poco definido.* Todavía nadie gana.

Nombre: ______________________ Fecha: ______________

7 El partido de fútbol

¿Qué pasó en el partido de fútbol? Pon en orden las siguientes palabras para hacer oraciones completas en voz pasiva.

1. fue/por/el/en/vivo/Radio Uno/partido/transmitido

2. un/importante/el/fue/partido/comentarista/narrado/por

3. presentados/el/comentarista/fueron/jugadores/los/por

4. por/jugado/el/tiempo/Leones/segundo/fue

5. e/Berta/por/fue/gol/marcado

6. partido/muchos/visto/el/fue/aficionados/por

7. los/camisetas/aficionados/fútbol/compradas/por/fueron/las/de

8. policía/calles/fueron/cercanas/cerradas/las/al/por/la/estadio

Nombre: ______________________ Fecha: ______________

8 Fue hecho por...

Di por quién fueron hechas las siguientes cosas, usando las indicaciones que se dan y las pistas en los dibujos.

carta/enviar
La carta fue enviada por Lucas Díaz.

1. artículo del periódico/escribir

 ____

2. cuadros/pintar

 ____

3. gol/marcar

 ____

4. partido/narrar

 ____

5. pastel/hacer

 ____

6. camiseta/comprar

 ____

Nombre: ______________________ **Fecha:** ______________

9 Bolivia versus Paraguay

Completa las oraciones con las siguientes palabras de la lista. Usa el dibujo cuando sea necesario.

aficionados	campeonato	delantero	mediocampistas
camiseta	defensores	empatados	portero

1. El ______________ internacional es entre los equipos de Bolivia y Paraguay.
2. Hay 10.000 ______________ en el estadio viendo el partido.
3. García es el ______________ paraguayo.
4. Salas, Jiménez y Ramírez son los ______________ del equipo boliviano.
5. Panes, Santoro y Guerra son los ______________ del equipo de Paraguay.
6. López es un ______________ paraguayo.
7. Caray es el jugador con la ______________ número ocho.
8. El marcador es 11; los equipos están ______________.

Nombre: ______________________ Fecha: ______________________

10 Un partido importante

Imagina que jugaste un partido de fútbol muy importante. Di qué posición jugaste, quién ganó y cuántos aficionados había. Describe el partido, al otro equipo y al árbitro. Usa el tiempo pluscuamperfecto y la voz pasiva cuando sea necesario.

Nombre: ______________________ Fecha: ______________

CAPÍTULO 8

Lección 15

1 Crucigrama

Haz el siguiente crucigrama.

Horizontales

2. Se pone el aceite en una ______.
3. Se necesitan 4 ______ de aceite de oliva para hacer la tortilla española.
6. Tienes que cocinar la tortilla hasta que el ______ esté firme.
7. Cocina la cebolla en la sartén y el aceite hasta que esté ______.

Verticales

1. Corta las papas en ______ pequeños.
3. La tortilla española lleva huevos, papas y una ______.
4. El huevo para la tortilla está ______.
5. Para empezar a cocinar, ______ el aceite en una sartén.

Nombre: ______________________ Fecha: ______________

2 La familia real española

Completa el siguiente párrafo sobre la familia real española con las palabras del recuadro.

1. El ____________ de España se llama Juan Carlos I.
2. Su esposa, la ____________ de España es doña Sofía de Grecia.
3. Los reyes de España tienen tres ____________, dos chicas y un chico.
4. El hijo, Felipe, ____________ de Asturias, va a ser el próximo rey de España.
5. Las hermanas de Felipe son las ____________, que en España se llaman infantas.
6. La familia real española tiene muchos ____________ de viajes y reuniones.
7. Para ser rey de España no tienes que ____________ en el país, pero tienes que ser ciudadano.
8. ____________ yo seré reina de España algún día.

Nombre: ______________________________ Fecha: ______________

3 Una visita a Madrid

A. Lee el siguiente folleto (*brochure*), y pon un círculo alrededor de los verbos en el futuro.

Súbase al **MADRIDVISIÓN** y disfrute del paseo turístico más novedoso y panorámico de la ciudad existente actualmente.

Podrá conocer sus calles, sus plazas y monumentos, sus museos, sus rincones más históricos..., de una forma agradable y cómoda.

Usted podrá tomar el **MADRIDVISIÓN** en cualquiera de las diez paradas de su trayecto: desde Telefónica hasta el Paseo Recoletos. El primer autobús saldrá de Gran Vía a las 9:15 de la mañana. De allí, paseará por la Gran Vía hasta la calle San Bernardo. En la parada de la Plaza de España los visitantes verán el famoso monumento a Cervantes. La siguiente parada será el Palacio Real. En la parada de la Puerta del Sol, estarán ustedes en el centro de la ciudad. De ahí, el autobús les llevará al Paseo del Prado y al Jardín Botánico, y también entrarán en el Museo del Prado y contemplarán las magníficas obras de arte que allí se exhiben. Después, el autobús **MADRIDVISIÓN** pasará por la conocida Puerta de Alcalá, el Paseo de la Castellana, la calle Serrano y el Paseo Recoletos, y acabará su recorrido de nuevo en Telefónica.

B. Ahora, contesta las siguientes preguntas.

1. ¿A qué hora saldrá el primer autobús?

   ____

2. Después de la calle San Bernardo, ¿dónde parará el autobús?

   ____

3. ¿Qué verán allí los visitantes?

   ____

4. ¿En qué parada estarán los turistas en el centro de la ciudad?

   ____

5. ¿Adónde los llevará el autobús después?

   ____

6. ¿Dónde entrarán allí y qué harán?

   ____

Nombre: ______________________ Fecha: ______________

Las próximas vacaciones

Vienen las vacaciones de verano. ¿Qué harán las siguientes personas? Escribe oraciones en el futuro, combinando elementos de cada columna.

 Yo iré a patinar

A	B	C
Guillermo	viajar	muchas cosas nuevas
Ignacio y tú	ir	en tren
yo	visitar	a España
Luisa	comprar	un museo
tú	gozar	mucho
mis abuelos	trabajar	libros y postales
Gloria y yo	estudiar	en avión
ustedes	ver	todo el verano

1. ____

2. ____

3. ____

4. ____

5. ____

6. ____

7. ____

8. ____

Nombre: ______________________ Fecha: ______________

5 Planes para las vacaciones

Tu amigo te cuenta sus planes para las próximas vacaciones. Completa el párrafo con la forma apropiada del futuro de los verbos entre paréntesis.

En las próximas vacaciones yo (ir) ______________ a España con mi familia. Nosotros (volar) ______________ hasta Madrid. Allí yo (visitar) ______________ a mi amigo por Internet, y mis padres (comprar) ______________ entradas para una corrida de todos. Mi madre (ir) ______________ a todos los museos. Yo (pasear) ______________ por el parque de El Retiro y mis hermanas (buscar) ______________ ropa en las mejores tiendas. ¡(ser) ______________ muy divertido! Después todos nosotros (viajar) ______________ en tren a Barcelona. Mis hermanos (nadar) ______________ en la playa de la Barceloneta. Yo (subir) ______________ a la montaña del Tibidabo. Mis padres (saborear) ______________ los platos típicos de la ciudad. Prometo que yo te (escribir) ______________ una postal desde cada lugar que visite. ¡Tú (recibir) ______________ noticias mías cada día! Y tú, ¿qué (hacer) ______________ durante las vacaciones?

Nombre: ______________________ Fecha: ______________

6 ¿Dónde estarán?

Tus amigos saldrán a pasear esta noche por Madrid. Di dónde estarán, según la siguiente guía. Sigue el modelo.

Guía del ocio

CAFÉS

SMOKEY'S
C/ San Bartolomé, 11 CHUECA
Abierto todos los días a partir de las 20:00h excepto los miércoles no vísperas. Conoce el "ambiente" en comunicación con gente abierta. Tlfno: 522-74-49.

KO-HEBA
C/ Gravina, 18 CHUECA
De él podríamos destacar como principales rasgos la esmerada preparación de sus platos, la originalidad y por supuesto su excelente relación calidad-precio. Además disfruta de su servicio de café / tetería en un salón independiente del restaurante. Tlfno: 521-37-63.

CÍRCULO DE BELLAS ARTES
C/ Marqués de Casa Riera 2 BANCO DE ESPAÑA
Abre de 9h a 1h, viernes y sábados hasta las 3h. Uno de los lugares más bellos de Madrid. Entrada 100 Pts. Tlfno: 531-85-03.

TEATROS

TEATRO COMEDIA
"La estrella de Sevilla" de Lope de Vega.
Horario: De lunes a sábado, a las 20:00h. Domingo, a las 19:00h. Precio: de 1.300 a 2.600 pts.

TEATRO DE LA ZARZUELA
"La corte del faraón", zarzuela de Vicente Lledó.
Horario: Sábado, martes y jueves a las 20:00h, domingo y miércoles a las 18:00h. Precio: de 1.200 a 4.500 pts.

RESTAURANTES CON ESPECTÁCULO

TORRES BERMEJAS
Mesoneros Romanos, 11 CALLAO
Abre todos los días de 20:30 hasta la madrugada. Restaurante-espectáculo de flamenco, uno de los clásicos de la capital. Su decoración al más puro estilo mudejar es una exacta reproducción de la Alhambra de Granada

LA ARGENTINA
C/ Gravina, 18 CHUECA
Carnes a la brasa importadas de Argentina. Tango en vivo. Cierra los lunes. Tlfno: 521-37-63.

CASA PATAS
C/ Cañizares, 10 ANTON MARTIN
Abre todos los días. De 12h a 3h, espectáculo de flamenco. Tlfno: 369-04-96.

Francisco y su novia están viendo un espectáculo de flamenco.
Estarán en la Casa Patas.

1. Ricardo y Lidia están en una tetería.

   ____

2. Ramiro y yo estamos viendo tango.

   ____

3. Mis padres están viendo "La corte del faraón".

   ____

4. Tú estás en Callao, viendo un espectáculo flamenco.

   ____

5. Nuria está en la calle Marqués Casa Riera.

   ____

6. Yo estoy viendo una obra de Lope de Vega.

   ____

Nombre: ______________________ Fecha: ______________

Viajaremos en tren

Paco y sus amigos viajarán en tren por España este verano. Mira los billetes que compraron y después contesta las preguntas.

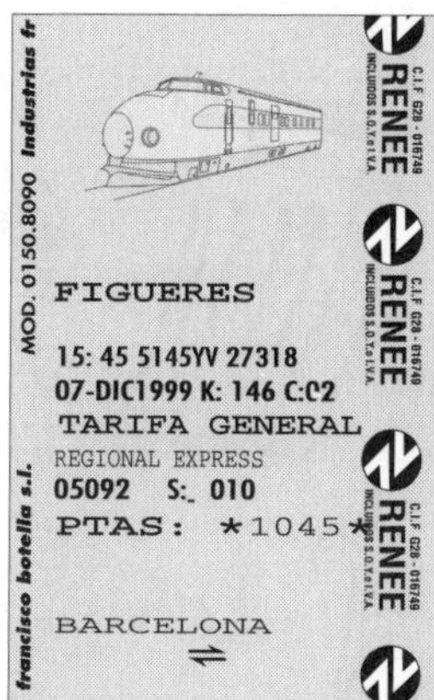

1. ¿Qué billete de tren cuesta 225 pesetas?

   ____

2. ¿Cuánto cuesta el billete de tren de Madrid a Escorial?

   ____

3. ¿Para qué es válido el tren Alhambra?

   ____

4. ¿Entre qué ciudades viaja el tren cuyo billete cuesta 1.045 pesetas?

   ____

5. ¿En qué tarifa viajarán los chicos, entre Girona y Barcelona?

   ____

Nombre: ______________________________ Fecha: ____________________

8 Mañana...

Mañana saldrás de viaje muy temprano. Di qué cosas harás y en qué orden. Completa el párrafo con los verbos que correspondan a los objetos en el dibujo. Usa el tiempo futuro y el infinitivo.

Me levantaré a las 6:30 de la mañana. Después de levantarme,

(1) ____________________. Después de (2) ____________________,

(3) ____________________. Después de (4) ____________________,

(5) ____________________. Después de (6) ____________________,

(7) ____________________. Después de (8) ____________________,

(9) ____________________ los dientes. Por último, después de (10)

____________________ los dientes, (11) ____________________ de

mis amigos por teléfono.

9 Te enviaré un e-mail

Imagina que este verano visitarás a un primo tuyo que vive en España. Él te envió el siguiente e-mail. Complétalo con la forma apropiada del futuro de los verbos entre paréntesis.

e-mail

¡Hola, primo!

¡Qué ilusión saber que tú (1) ____________ (venir) a pasar el verano con nosotros! Mis padres (2) ____________ (estar) muy contentos, y mis hermanas también. Yo ya estoy haciendo planes para tu viaje. El día de tu llegada, nosotros (3) ____________ (hacer) una fiesta en tu honor.

Al día siguiente tú (4) ____________ (querer) descansar un poco, ¿verdad? Por la tarde, mis padres (5) ____________ (ir) a visitar a unos amigos, y tú y yo (6) ____________ (tener) la oportunidad de pasear por la ciudad tranquilamente. Uno de los días (7) ____________ (ir) todos a Segovia. Allí tú (8) ____________ (tener) que sacar una foto del acueduto *(aqueduct)*. ¡Es impresionante! Un fin de semana nosotros (9) ____________ (hacer) un viaje en tren hasta Gijón. Allí (10) ____________ (poder) ir a la playa, si hace buen tiempo. Por la noche, mis hermanas (11) ____________ (salir) a bailar, y nosotros también, si tú quieres.

Todavía no sé si mi abuela (12) ____________ (venir) a pasar unos días con nosotros y nos (13) ____________ (hacer) su famosa paella. Espero que sí. Yo lo (14) ____________ (saber) pronto y te lo (15) ____________ (decir).

¡Hasta muy pronto!

Manuel

Nombre: ______________________ Fecha: ______________

10 Sopa de letras

Encuentra doce formas de verbos en el futuro. Las palabras están organizadas en forma horizontal, vertical, diagonal y también pueden estar escritas al revés.

Ñ	F	S	O	M	E	R	I	D	E
S	A	B	O	R	E	A	R	A	N
T	A	R	P	M	B	X	E	C	A
C	W	L	O	V	E	L	E	D	R
B	A	P	D	A	E	R	U	Z	B
Q	U	E	R	R	A	N	B	D	A
A	V	S	A	C	E	H	D	A	S
R	Q	K	S	G	O	M	Y	R	C
A	M	U	E	R	D	N	O	P	E
H	B	N	J	D	I	R	A	S	I

11 ¿Quién dice qué?

Lee los siguientes mini diálogos y escribe la letra de la ilustración a la que corresponde cada uno.

A

B

C

D

________ 1. —¿Necesito una visa para ir a México?

—Sí, nosotros se la podemos hacer. Déme su pasaporte, por favor.

________ 2. —Tenemos una reserva para el vuelo a Córdoba. Somos Luis y Juana Bermejo Sánchez.

—Sí, aquí tienen sus pasajes de ida y vuelta.

________ 3. —¿Puedo ayudarlo?

—Sí, por favor. Busco una guía turística de San Sebastián.

________ 4. —Me gustaría viajar a Galicia.

—Aquí tienes unos folletos turísticos con diferentes itinerarios.

Nombre: ______________________ Fecha: ______________

12 Antes de mis vacaciones

Escribe un párrafo sobre las cosas que harás para prepararte para tus próximas vacaciones.

Primero, iré a la agencia de viajes y preguntaré los precios.

Nombre: ______________________________ Fecha: ____________________

Lección 16

1 Crucigrama

Haz el siguiente crucigrama.

1
2
3
4 5
6 7
8
9

Horizontales

2. Vas a buscar tus pasajes en el ______ de la aerolínea.
4. Antes de subir al avión, tienes que entregar el ______.
6. A veces, si vas a viajar a otro país, tienes que pasar por ______.
8. ¿En qué ______ vas a viajar a España?
9. En el aeropuerto, te tienes que ______ en el mostrador.

Verticales

1. La persona que viaja es el ______.
2. En el avión sólo puedes llevar un ______ de mano.
3. Para ir a otro país, tienes que ir al ______ internacional.
5. Para este viaje tan corto, sólo llevo una ______ de equipaje.
7. Por favor, ¿puede decirme por qué puerta tengo que ______?

Nombre: ______________________ Fecha: ______________

Ciudades de España

Mira el mapa de España y escribe el nombre de las ciudades correspondientes en los espacios en blanco.

1. ______________
2. ______________
3. ______________
4. ______________
5. ______________
6. ______________
7. ______________

Nombre: ______________________ Fecha: ______________

3 ¿Cuál es tu sueño?

Soñar no cuesta nada. Escribe qué les gustaría hacer a las siguientes personas. Completa cada oración con la forma correcta del condicional de los verbos entre paréntesis.

Gina (ir) iría a vivir a Japón.

1. Jeremías (ser) ____________ profesor y (enseñar) ____________ en una universidad.
2. Roger (jugar) ____________ al fútbol en un equipo y (participar) ____________ en la Copa Mundial.
3. Clara (comprar) ____________ un barco y (navegar) ____________ por todo el mundo.
4. Charo y Alejandro (vivir) ____________ en Sevilla y (pasear) ____________ por el Parque de María Cristina todos los días.
5. Yo (ir) ____________ a España un año y (aprender) ____________ bien español.
6. Ustedes (estudiar) ____________ para pilotos y (volar) ____________ en avión cada día.
7. Cristóbal (ser) ____________ astronauta y (visitar) ____________ todos los planetas del sistema solar.
8. Mis padres (preferir) ____________ quedarse en casa y no (trabajar) ____________ tanto.
9. Jimena (abrir) ____________ un restaurante y (cocinar) ____________ muchos platos especiales.
10. Todos nosotros nos la (pasar) ____________ muy bien y (ser) ____________ muy felices.

Nombre: ______________________ Fecha: ______________

4 Centro Cultural Días Felices

Lee las actividades que organiza el Centro Cultural Días Felices, en Pamplona. ¿En qué actividades participarías? Contesta las siguientes preguntas, usando el condicional.

CENTRO CULTURAL
Días Felices

C/ Triana, 208
717-06-42

- 25 de mayo, a las 5 y a las 7 de la tarde. **Cine:** *El club de los poetas muertos.*
- 27 de mayo, a las 8 de la tarde. **Baile:** Orquesta Maravillas.

- 28 de mayo, a las 12 del mediodía. **Concierto de música clásica:** Trío Alegría.
- 28 de mayo, a las 3 de la tarde. **Taller:** decorar con papel.

- 29 de mayo, a las 10 de la mañana. **Escuela de música:** clases de piano y de canto.
- 29 de mayo, a las 4 y las 6 de la tarde. **Cine:** *El retorno del Jedi.*

1. ¿Qué día verías *El retorno del Jedi?*

2. ¿Con qué orquesta bailarías el día 27 de mayo?

3. ¿A qué hora preferirías ver la película *El club de los poetas muertos?*

4. ¿Cuándo escucharías un concierto de música clásica?

5. ¿Dónde aprenderías a decorar con papel?

6. ¿Dónde te darían clases de piano y canto?

7. ¿Qué actividad te gustaría hacer en el Club Días Felices?

Nombre: ______________________ Fecha: ______________

5 En el avión

Imagina que estás en un avión. Llena los espacios en blanco con la palabra apropiada para completar cada oración, según los dibujos.

1

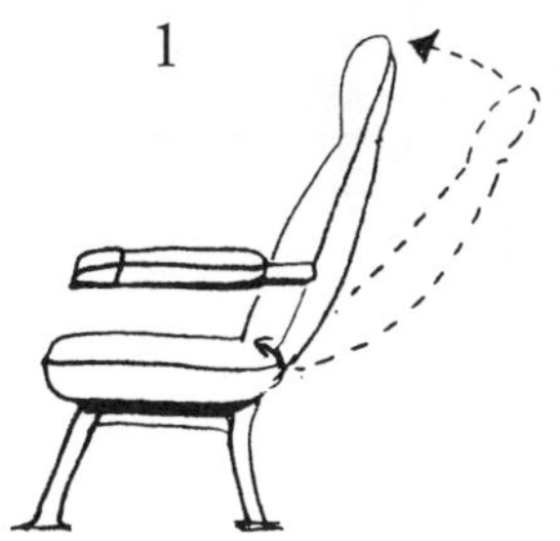

2

4

3

5

6

1. Por favor, coloquen los ____________________ de sus asientos en posición vertical.
2. Ahora tienen que ____________________ los cinturones de seguridad.
3. El avión está a punto de ____________________.
4. El capitán del avión nos da la ____________________ a bordo.
5. Los pilotos y los auxiliares de vuelo forman la ____________________ de un avión.
6. Este vuelo hace escala en ____________________.

Nombre: ______________________ Fecha: ______________

6 Muy personal

Contesta las siguientes preguntas personales.

1. Imagina que vives en Sevilla. ¿Qué podrías hacer allí?

2. ¿Qué le dirías a tu pueblo si fueras el rey o la reina de España?

3. ¿Qué querrías hacer con cincuenta mil dólares?

4. ¿Con qué personaje famoso saldrías?

5. ¿Sabrías qué hacer durante un incendio en la escuela?

6. ¿Qué harías en un terremoto *(earthquake)*?

7. Imagina que eres presidente de un canal de televisión. ¿Qué programas pondrías?

8. ¿Quiénes vendrían a tu fiesta ideal?

Nombre: ______________________ Fecha: ______________

7 Sopa de letras

Encuentra la forma *yo* del condicional de diez verbos irregulares. Las palabras están organizadas en forma vertical, horizontal, diagonal y también pueden estar escritas al revés.

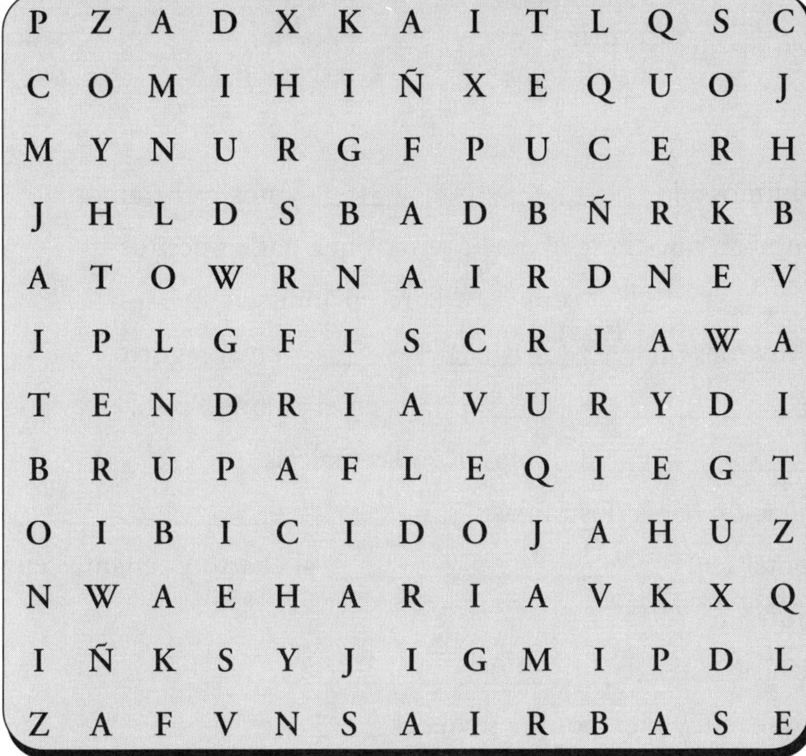

P Z A D X K A I T L Q S C
C O M I H I Ñ X E Q U O J
M Y N U R G F P U C E R H
J H L D S B A D B Ñ R K B
A T O W R N A I R D N E V
I P L G F I S C R I A W A
T E N D R I A V U R Y D I
B R U P A F L E Q I E G T
O I B I C I D O J A H U Z
N W A E H A R I A V K X Q
I Ñ K S Y J I G M I P D L
Z A F V N S A I R B A S E

Nombre: ______________________ Fecha: ______________

8 En el Hotel Principal

Tus amigos estuvieron de viaje por Barcelona. Ahora te cuentan lo que hicieron en el hotel. Completa cada oración con una palabra apropiada de la lista.

apellidos	rápidamente	placer	ruido
botones	firmar	potable	sencillas
doble	habitación	recepción	servicio

1. Al llegar, fuimos a la ____________________ y nos registramos.
2. No encontraban nuestra reserva, y tuvimos que darle nuestros ____________________ otra vez a la recepcionista.
3. Después, tuvimos que ____________________ en el registro.
4. Nuestra ____________________ estaba en el segundo piso.
5. Un ____________________ nos llevó las maletas.
6. En la habitación había dos camas ____________________.
7. Nuestro hotel tenía ____________________ al cuarto y cenamos en la habitación.
8. En el baño había agua ____________________.
9. No dormimos muy bien porque se oía el ____________________ de la calle.
10. Se lo explicamos al recepcionista y ____________________ nos dio otra habitación.
11. Esta habitación tenía sólo una cama ____________________.
12. Cuando nos fuimos, el recepcionista dijo que fue un ____________________ tenernos en el hotel.

Nombre: ______________________ Fecha: ______________

9 ¿Cómo les iría?

Tus abuelos estuvieron de viaje por España, pero todavía no te explicaron cómo les fue. Expresa las siguientes ideas con preguntas, usando el condicional de probabilidad. Sigue el modelo.

Me pregunto si pasaron por Segovia.
¿Pasarían por Segovia?

1. Me pregunto si viajaron hasta Madrid en avión.

____

2. Me pregunto cuántas noches se quedaron en el hotel.

____

3. Me pregunto en qué hotel se alojaron.

____

4. Me pregunto si visitaron el Museo del Prado.

____

5. Me pregunto qué hicieron después.

____

6. Me pregunto si viajaron hacia la costa.

____

7. Me pregunto si fueron a la playa.

____

8. Me pregunto si la pasaron bien.

____

9. Me pregunto a qué hora fue su vuelo de regreso.

____

10. Me pregunto si planearon otro viaje para este año.

____

Nombre: ______________________ Fecha: ______________

10 ¿Qué harías tú en España?

Escribe un párrafo sobre las cosas que harías tú si viajaras a España. ¿Qué lugares visitarías? ¿Con quién irías y por cuánto tiempo? ¿Dónde te alojarías?

Nombre: ______________________ Fecha: ______________

CAPÍTULO 9

Lección 17

1 Los empleos

Di lo que son las siguientes personas de acuerdo a lo que hacen en sus empleos.

 Ella es taxista.

1. ______________________ 2. ______________________

3. ______________________ 4. ______________________

5. ______________________ 6. ______________________

Nombre: ______________________________ Fecha: ____________________

Sopa de letras

Encuentra diez palabras relacionadas con los empleos. Las palabras están organizadas en forma vertical, horizontal, diagonal y también pueden estar escritas al revés.

A	B	G	E	R	E	N	T	E	Ñ	O	P	Q	R	S
T	C	O	Q	T	B	D	E	B	Y	Z	B	N	E	B
L	E	P	R	U	C	A	F	D	A	X	I	M	F	C
D	E	C	S	V	Z	T	G	A	I	V	O	L	G	D
I	F	M	N	W	X	S	H	K	B	T	L	K	H	O
S	G	N	O	I	Y	I	I	L	U	O	O	J	I	R
E	H	Ñ	P	S	C	X	J	M	N	T	G	S	U	E
Ñ	I	Q	R	B	D	A	F	I	J	A	O	A	A	R
A	J	S	T	C	E	T	G	H	T	L	I	D	D	B
D	K	U	W	V	I	O	U	S	K	M	N	E	Q	O
O	E	C	O	N	O	M	I	S	T	A	Ñ	O	P	B
R	L	U	T	E	J	T	P	Q	R	S	T	U	V	W
N	H	V	S	K	R	Ñ	O	C	I	N	C	E	T	X
O	P	Q	R	A	L	M	E	D	C	E	A	B	Z	Y

Nombre: ______________________________________ Fecha: ____________________

3 ¿Antes o ahora?

Escoge la forma del verbo *haber* que complete correctamente las siguientes oraciones. Escribe la forma correcta en los espacios.

> COMPUTACIÓN INGENIERA
> DISEÑO DE PÁGINAS WEB
> ECONOMÍA
> *Estudia todas estas carreras y muchas más en el*
> **CENTRO DE ESTUDIOS AVANZADOS.**
> **Informes al 555-6578.**
> **Llámanos ya por teléfono.**
> **Una llamada puede cambiar tu futuro.**

1. Yo *(hubo/había)* ____________________ asistido a una universidad cuatro años antes de empezar esta carrera.
2. Todavía Elena no *(he/ha)* ____________________ decidido qué estudiar.
3. El problema es que *(había/hay)* ____________________ muchas carreras que quisiera estudiar.
4. El mes pasado *(hay/hubo)* ____________________ una feria de carreras en la escuela.
5. Nosotros *(hemos/habíamos)* ____________________ leído en el periódico el anuncio sobre el *Centro de estudios avanzados.*
6. Mi hermana *(ha/hubo)* ____________________ estudiado computación toda su vida.
7. *(Hay/Había)* ____________________ muchos estudiantes en la carrera de ingeniería el año pasado.
8. Tú me *(has/ha)* ____________________ dicho que busque un trabajo de verano para así tener experiencia en la vida real.
9. Luis *(hubo/había)* ____________________ estudiado para ser abogado pero hoy es profesor.
10. Ellos ya *(habían/han)* ____________________ terminado la carrera. Todavía no lo pueden creer.

Nombre: ______________________ Fecha: ______________

4 Las universidades en Buenos Aires

Lee el siguiente artículo de periódico sobre las universidades en Buenos Aires. Luego, contesta las preguntas.

Buenos Aires, AF Más de 235.000 estudiantes han iniciado las clases en las cinco universidades más importantes de Buenos Aires. Unos 130.000 lo han hecho en la Universidad de Buenos Aires, 45.000 en la Católica, 35.000 en la de Belgrano, 15.000 en la de Palermo y 10.000 en la Tecnólogica. Los rectores han inaugurado las clases anuciando que han puesto en funcionamiento los nuevos planes de estudio aprobados por la Secretaría de Educación. Profesores y alumnos esperan que el año se desarrolle con éxito.

1. ¿Cuántas universidades importantes hay en Buenos Aires?

____

____

2. ¿Cuántos estudiantes han comenzado las clases?

____

____

3. ¿Cuántos estudiantes han empezado las clases en la Universidad de Palermo?

____

____

4. ¿En qué universidad se han registrado cuarenta y cinco mil estudiantes?

____

____

5. ¿En qué universidad hay el número más grande de estudiantes?

____

____

6. ¿Qué han hecho los rectores de las universidades?

____

____

5 No creo que...

Tus dos amigos, Marta y Juan, van a asistir a la universidad. Tu mamá te hace las siguientes preguntas. Contesta cada una, usando el subjuntivo y las indicaciones dadas.

¿Ya ha asistido Marta a la universidad? (dudo)
Dudo que Marta ya haya asistido a la universidad.

1. ¿Ya han decidido tus amigos qué estudiar en la universidad? (es posible)

   ____

   ____

2. ¿Ya se han registrado tus amigos? (espero)

   ____

   ____

3. ¿Ya ha empezado Juan a estudiar en la universidad? (no creo)

   ____

   ____

4. ¿Ya ha comprado Marta los libros? (dudo)

   ____

   ____

5. ¿Ya han buscado empleo tus amigos? (no creo)

   ____

   ____

6. ¿Ya han conocido a algún profesor de la universidad? (es posible)

   ____

   ____

7. ¿Ya ha pensado Juan en su futuro? (creo)

   ____

   ____

8. ¿Ya ha buscado Marta un lugar donde vivir? (dudo)

   ____

   ____

Nombre: ______________________ **Fecha:** ______________

6 ¿Buscas empleo?

Mira los avisos del periódico y lee las descripciones que siguen. Luego, escribe en los espacios la letra del aviso que corresponde a cada descripción.

A.

SUPERVISOR/FUMIGADOR
Responsable
Licencia de conducir vehículo liviano
papelería completa
Disponibilidad de horario
Referencias laborales
Sueldo Q.1,000.00 + Prestaciones de Ley
12 calle 2-04 z. 9 Edificio Plaza del Sol Oficina 207.

B.

ITEMS INDUSTRIALES CONTRATARA
MENSAJERO CON MOTO
Requerimos:
Mayor de 25 años
Buena presentación
Experiencia en cobros
Licencia de automóvil
Buen conocimiento de la ciudad capital
Ofrecemos:
- Sueldo base mas comisiones
- Gasolina y depreciación
- Prestaciones de Ley
Interesados Comunicarse al teléfono 360-0288, 360-0308 o presentarse a 8a calle 2-48 zona 10.

C.

COLEGIOS DE PRESTIGIO NECESITAN
Para 1,998
- SECRETARIA RECEPCIONISTA
Con conocimientos de computación
Para 1,999
- PROFESORES DE ENSEÑANZA MEDIA
En todas las áreas.
Presentar currículum vitae el día lunes a: 9 calle 0-39 zona 1 de 8:00 A.M. a 3:00 P.M.

D.

PROCURADOR
REQUISITO: Estudiante de 5º. Año de Derecho. Llamar al Tel.: 592-0276.

E.

CAJERA
25-30 años, Perito Contador
Papelería en orden
2 años de experiencia en puesto similar
Conocimiento en computación
Sueldo según experiencia.
Interesadas presentarse a:
DISTRIBUIDORA LATINA, S.A.
27 Calle final 37-50 zona 5, Bodega 6.

F.

EMPRESA COMERCIAL LIDER EN SU RAMO REQUIERE:
SECRETARIA BILINGÜE
Requisitos:
•Título de Secretaria Bilingüe (Inglés-Español)
•Inglés fluido a nivel conversación
•Manejo de PC's (Proceadores de palabras y hojas electrónicas)
•Experiencia mínima de dos años
•Organizada y responsable
•Agil y con iniciativa
Ofrecemos:
•Salario según experiencia y capacidad
•Capacitación constante
•Beneficios adicionales a los de la Ley
•Seguro Médico y de Vida
INTERESADAS FAVOR ENVIAR CURRICULUM VITAE CON FOTOGRAFIA RECIENTE E HISTORIAL SALARIAL A BUZON PRENSA LIBRE INICIALES SBE-01 A MAS TARDAR EL DIA 16 DE OCTUBRE DE 1998.

________ 1. Busco estudiantes que hayan estudiado cuatro años de derecho.

________ 2. Se busca una joven que haya tenido dos años de experiencia de cajera.

________ 3. Necesito persona que haya conseguido licencia de conducir vehículos livianos.

________ 4. Se necesitan personas que hayan enseñado en todas las áreas.

________ 5. Busco alguien que haya trabajado en cobros.

________ 6. Se busca una señorita que haya estudiado inglés.

7 Amigos por correspondencia

Laura tiene que escribir una carta a un amigo por correspondencia imaginario. Completa la carta con las palabras de la lista.

amistad	unidos	Ojalá	Atentamente	baile
lo extrañe	suave	Estimado	esquí	correspondencia
fuerte				

San José, 4 de agosto

(1) ______________ amigo por (2) ______________:

Mi nombre es Laura y vivo en San José de Costa Rica. Siempre he querido tener amigos por correspondencia. Me gusta mucho el (3) ______________ y el (4) ______________ acuático. También me gusta la música (5) ______________. Este año es mi último año en el colegio. Al terminar quizás (6) ______________ mucho. En mi clase estamos todos muy (7) ______________ y tenemos una amistad muy (8) ______________.
Mi sueño es estudiar medicina en la universidad y ser una buena doctora.

¿Cuáles son tus sueños?

(9) ______________ que podamos tener una bonita (10) ______________.

(11) ______________,

Laura Rodríguez

Nombre: ______________________ Fecha: ______________

8 Quizás sea...

Observa los libros que las siguientes personas leen. ¿Qué conclusiones puedes sacar según ellos? Escribe oraciones completas con la palabra *quizá* y las indicaciones que se dan. Sigue el modelo.

 Quizá Laura sea médica.

1. ______________________

2. ______________________

3. ______________________

4. ______________________

5. ______________________

6. ______________________

7. ______________________

8. ______________________

9 En la tienda de deportes

El gerente de la tienda de deportes acuáticos les habla a los nuevos empleados. Completa las oraciones con las palabras de la lista.

1. ____________________ que trabaje todos los sábados tendrá una promoción.
2. Pueden venir a las ocho o a las nueve, ____________________ les convenga.
3. Escriban en este libro todo ____________________ hayan vendido.
4. Ponte esta gorra o esta chaqueta de la compañía, ____________________ que sea.
5. ____________________ que yo esté, los estoy observando.
6. No sé todavía, pero ____________________ me vaya a trabajar a otra ciudad.
7. ____________________ que aprendan muchas cosas en este empleo.

Nombre: ______________________ Fecha: ______________

10 Quiero estudiar...

Imagina que quieres estudiar en la universidad pero no tienes mucho dinero. Imagina también que tienes una abuela rica. Escribe una carta, pidiéndole que te ayude a pagar los estudios. Describe tus aspiraciones y sueños. Di cuándo terminarás el colegio, qué carrera quieres estudiar y lo que harás después.

Nombre: ______________________ Fecha: ______________

Lección 18

1 ¡Por fin!

Juan José está muy feliz porque se va de vacaciones a Europa. Lee el siguiente párrafo y completa los espacios con las palabras de la lista.

magnífico	Al principio	actitud
Sin embargo	despedida organizar	Por fin
mantener	orilla	mar

El lunes mamá me dio la noticia: ¡(1) ______________ nos vamos a Europa! Éste ha sido uno de mis sueños más grandes. Siempre quise viajar y conocer otros países. Mi sueño es visitar los museos, las ciudades y caminar por la (2) ______________ del (3) ______________ Mediterráneo. Va a ser un viaje (4) ______________. Mamá decidió llevarme a Europa como premio porque (5) ______________ una buena (6) ______________ en la casa y en la escuela durante el año. (7) ______________, papá no iba a poder venir con nosotros porque tenía que trabajar. Era una pena porque lo íbamos a extrañar. (8) ______________ mamá le insistió mucho y él dijo que sí. ¡Qué suerte! Mis amigos del colegio están muy contentos también por mi viaje y van a (9) ______________ una fiesta de (10) ______________ para mí. ¡Nunca voy a olvidar este viaje!

Nombre: ______________________________ Fecha: ____________________

Los gestos del cuerpo

¿Qué significan los siguientes gestos *(gestures)?* Conecta los gestos de las personas de las ilustraciones con las oraciones. Escribe la letra apropiada en los espacios.

A.

B.

C.

D.

E.

F.

_________ 1. Te llamo mañana.

_________ 2. Piensa un poco más.

_________ 3. Es perfecto.

_________ 4. Un poquito.

_________ 5. ¿Escuchas?

_________ 6. Estoy muy cansado.

Nombre: ______________________ Fecha: ______________

3 ¿Qué pasará en el futuro?

Imagina cómo será la vida de las siguientes personas en el futuro. Escribe siete oraciones completas en el tiempo futuro usando los elementos de las tres columnas.

 Tú tendrás muchos años en el 2050.

A	B	C
nosotros	salir	comprar una casa cerca del mar
él	vivir	hablar cinco idiomas
la gente	tener	muchos años en el 2050
yo	hacer	un trabajo importante
tú	jugar	con las computadoras
los niños	poder	tarde del trabajo
mis amigos	saber	qué estudiar en la universidad
mis padres	querer	viajar por todo el mundo

1. ______________________________

2. ______________________________

3. ______________________________

4. ______________________________

5. ______________________________

6. ______________________________

7. ______________________________

Nombre: ______________________ Fecha: ______________

 Día del estudiante

Lee el siguiente artículo del periódico sobre el Día del Estudiante en Costa Rica. Luego, contesta las preguntas.

Día del Estudiante

Hoy lunes 21 de septiembre se realizarán diversos actos con motivo del Día del Estudiante en Bolivia. Alumnos de colegios y universidades se reunirán en las escuelas y parques para celebrar su día. Los actos contarán con la presencia de las autoridades de los colegios y universidades e invitados especiales elegidos por los mismos alumnos.

En la ciudad de La Paz, los estudiantes se reunirán en las instalaciones del Coliseo Urbano a las 4:00 horas. Habrá conciertos de música y baile al aire libre.

1. ¿Cuándo se realizarán actos con motivo del Día del Estudiante en Bolivia?

____

____

2. ¿Quiénes se reunirán en las escuelas y parques?

____

____

3. ¿Quiénes irán a los actos además de los alumnos?

____

____

4. ¿Dónde se reunirán los estudiantes que viven en La Paz?

____

____

5. ¿A qué hora comenzarán los actos?

____

____

6. ¿Qué habrá en el coliseo?

____

____

Nombre: ______________________________ Fecha: ______________________

5 ¿Qué verbo uso?

Pon un círculo alrededor del verbo que completa correctamente las siguientes oraciones.

1. El gran sueño de José es que su papá ________ con él a Europa.
   A. viaja
   B. viaje
   C. viajaba
2. Mateo estudiará en la universidad que ________ en Italia.
   A. está
   B. esté
   C. estará
3. Empezaremos a trabajar tan pronto como ________ de estudiar en la universidad.
   A. terminamos
   B. terminaremos
   C. terminemos
4. Mamá y papá irán a Francia cuando ________ la casa cerca del mar.
   A. compren
   B. compran
   C. comprarán
5. Prometo hacer todo lo posible por ________ este trabajo mañana.
   A. termine
   B. terminar
   C. terminaré
6. ¡Ojalá que yo ________ conseguir una beca!
   A. puede
   B. puedo
   C. pueda

Nombre: ______________________________ Fecha: ______________

6 ¿Cómo buscar empleo?

Hoy en día es muy importante saber cómo buscar empleo. Lee el siguiente artículo y luego, escribe ocho oraciones en el subjuntivo, usando las indicaciones que se dan. Sigue el modelo.

aconsejar/buscar
Aconsejan que busquemos empleo en las agencias de empleo, y en centros y organismos.

Éstas son algunas pistas para seguir el rastro al puesto. Lograrlo es cuestión de perseverancia.

Además de las agencias de empleo, son numerosos los centros y organismos que nos pueden ayudar a encontrar un trabajo. Buscar empleo no es algo fuera de lo común, es más bien, en nuestros días, algo cotidiano, pues la competencia laboral aumenta constantemente. Por ello es necesario estar con los ojos abiertos hacia las oportunidades que abren las empresas.

Bien dicen que no hay que esperar a que lleguen a tocar la puerta de nuestra casa y ofrecernos trabajo, por el contrario, hay que salir en la busca de esa vacante.

Para saber en dónde están solicitando personal, lo primero es analizar qué es lo que se quiere hacer, porque se puede tener una carrera, pero dentro de ella existen varias áreas. Por ello, una vez que se han jerarquizado los intereses, lo siguiente por hacer es recurrir a todos los medios para conseguir ese empleo. Por ejemplo, en nuestros días se cuenta con un gran abanico de opciones: desde las propias universidades, que cuentan con bolsa de trabajo, asociaciones profesionales, agencias de empleo, anuncios en los periódicos, hasta algunas delegaciones políticas tanto en el Distrito Federal como en los diferentes estados de la República, cuentan con servicios de apoyo para personas desempleadas. Cerrar las puertas a una de ellas puede significar eliminar quizá la gran oportunidad que usted esperaba.

Como siempre, cada una de ellas solicitará la información necesaria, pero eso sí, usted siempre debe procurar dar su mejor cara y no sólo es en cuanto apariencia, sino también en su portafolio de trabajo, el cual deberá estar perfectamente organizado, incluyendo currículum vitae, así como trabajos realizados (si se pueden archivar, por supuesto).

Una vez que usted cuenta con todo lo necesario, decídase a dar ese primer paso en busca de la fortuna, antes de que alguien le gane su lugar.

Nombre: ______________________________ Fecha: ____________________

1. es necesario/estar

2. dicen/no tener

3. es importante/buscar

4. recomendar/saber

5. es indispensable/tratar

6. conviene/estudiar

7. aconsejan/dar

8. es importante/decidir

Nombre: ______________________ Fecha: ______________

Los sueños de las personas

¿Qué quieren hacer las siguientes personas? Completa las oraciones usando el subjuntivo, el indicativo o el infinitivo de los verbos entre paréntesis.

1. Ellos van a ______________ en una isla tropical. (vivir)
2. Es probable que Quique ______________ con la suya. (salirse)
3. Juan José viajará por Europa antes de que ______________ la universidad. (empezar)
4. Lucía quiere que nosotros ______________ al Brasil para ______________ la selva amazónica. (ir/visitar)
5. Marta quiere ______________ en un empleo que ______________ bien. (trabajar/pagar)
6. Mis padres esperan ______________ una casa a la orilla de un río. (comprar)
7. Nosotros creemos que nuestros sueños ______________ realidad. (ser)
8. Mis padres quieren que yo ______________ en el futuro. (pensar)
9. Quizás Pedro ______________ a la Facultad de Derecho. (asistir)
10. Rodrigo dice que será profesor para que ______________ enseñar a las futuras generaciones. (poder)
11. Yo quiero estudiar una carrera que ______________ interesante. (ser)
12. Ojalá que ella ______________ muchos lugares en Europa. (conocer)
13. Pilar está segura de que ella ______________ una actriz famosa. (ser)
14. Tenemos que ______________ una fiesta de despedida para Juan José. (organizar)
15. Yo ______________ a la Facultad de Economía el año que viene. (asistir)

Nombre: ______________________ Fecha: ______________

8 Sopa de letras

Encuentra diez países del mundo. Las palabras están organizadas en forma vertical, horizontal, diagonal y también pueden estar escritas al revés.

L	A	B	L	A	G	U	T	R	O	P	Q	P	O	Z
X	C	D	G	J	K	L	M	N	Ñ	O	P	X	A	Y
Y	C	E	H	B	X	W	T	S	Q	R	Q	W	L	V
Z	H	F	I	Z	Y	V	O	U	A	B	C	T	E	U
A	I	N	G	L	A	T	E	R	R	A	D	S	M	R
B	N	R	S	T	P	B	Y	X	I	G	E	P	A	Q
C	A	Q	U	I	A	C	Z	W	U	H	F	O	N	Ñ
D	O	P	G	I	D	E	F	V	T	I	F	L	I	N
E	N	E	J	G	H	I	G	R	S	J	R	K	A	M
F	Ñ	K	E	F	M	L	T	Q	P	K	A	J	I	H
G	M	L	D	C	B	K	H	A	O	L	N	E	F	G
H	J	A	P	O	N	J	I	Ñ	L	M	C	D	B	Z
I	J	K	L	L	M	N	P	Q	R	I	I	C	A	Y
L	E	A	R	S	I	Ñ	O	T	S	U	A	V	W	X

Nombre: ______________________ Fecha: ______________

9 ¿Cuál es su nacionalidad?

Di de qué nacionalidad son las siguientes personas según el país indicado en el mapa.

Ana es brasileña.

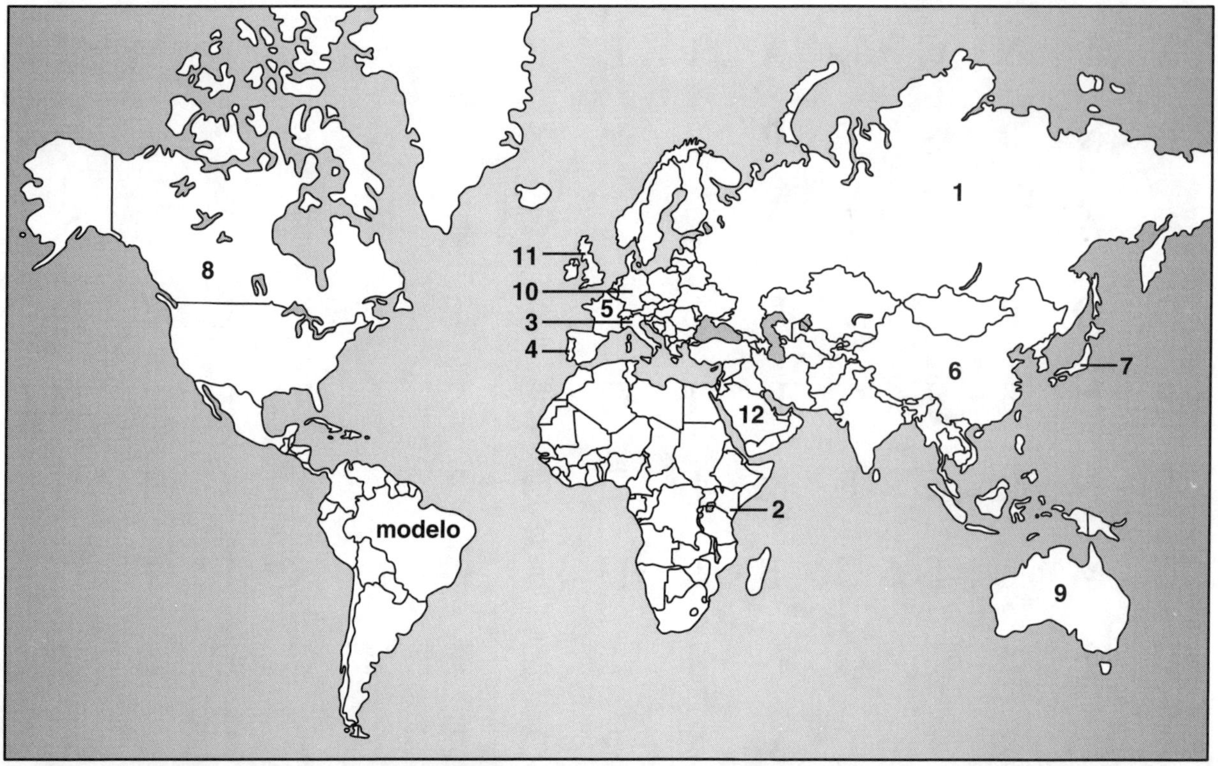

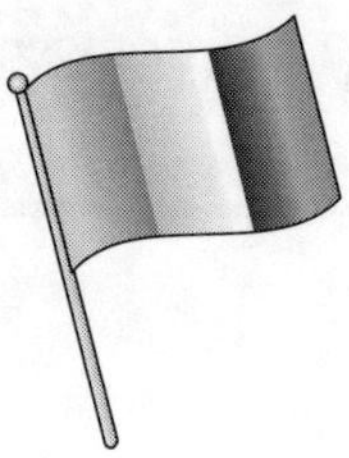

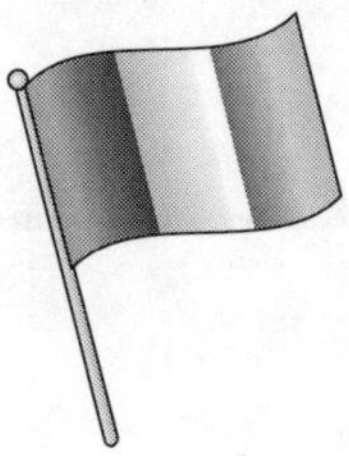

Nombre: ______________________ Fecha: ______________

1. Mika es ______________________.
2. Kisha y Taína son ______________________.
3. El papá de Teresa es ______________________.
4. Paola es ______________________.
5. Monique es ______________________.
6. Tim y Kim son ______________________.
7. Hiro es ______________________.
8. Martin es ______________________.
9. Laura es ______________________.
10. Frank y Horst son ______________________.
11. Peter es ______________________.
12. Mohamed es ______________________.

Nombre: ______________________ Fecha: ______________________

10 Mi sueño es...

¿Cuáles son tus sueños y aspiraciones? ¿Qué carrera estudiarás? ¿En qué país te gustaría vivir? ¿Qué esperas que ocurra en tu vida? Escribe un párrafo para contestar estas preguntas, usando el subjuntivo cuando sea necesario.

Nombre: ______________________ Fecha: ______________

CAPÍTULO 10

Lección 19

1 El correo electrónico

Lee el correo electrónico que te envía una chica colombiana. Después usa el formato de abajo para contestárselo.

e-mail

Para: ______________

De: Analía Prados analiap@hotmail.com

Asunto: Amigos por Internet

Fecha: 24 mayo, 2000

Copia a:

Anexo: mi foto

Querido(a) amigo(a):

Estoy enviando este correo electrónico a muchos chicos y chicas en los Estados Unidos que estudian español. Mi amigo Carlos y yo queremos empezar un club de amigos por Internet, con estudiantes de los Estados Unidos y de países hispanos. Así podemos hablar de las cosas que nos interesan a todos los jóvenes.

Yo me llamo Analía Prados. Tengo 14 años y vivo en Cartagena, una ciudad de la costa de Colombia. Me gusta ir al cine, leer y salir con mis amigos. Y tú, ¿cómo eres? ¿Qué te gusta hacer?

Respuesta:

____

____

____

____

____

____

____

____

____

Nombre: ______________________ **Fecha:** ______________

2 Crucigrama

Haz el siguiente crucigrama sobre la sección *Conexión cultural* en la Lección 19, de *Somos así LISTOS.*

Horizontales

3. Hoy en día podemos enviar ______ rápidamente por la Internet.
5. El correo electrónico es la ______ popular en el mundo.
7. Cada usuario recibe un ______ de 30 mensajes al día.
8. Muchas compañías envían mensajes publicitarios usando el correo ______.

Verticales

1. En el e-mail, hay muchos mensajes que no son de interés para el ______.
2. Las personas que usan la Internet son los ______.
4. Hay muchos ______ que confirman la importancia del correo electrónico.
6. Lo primero que hace mucha gente al conectarse a la Internet es mirar el ______ electrónico.

Nombre: ______________________ Fecha: ______________

3 En el cuarto de charlas

Lee la información sobre el cuarto para charlas *Infoparty* en la Internet y completa el formulario para entrar.

Formulario de Presentación

Formulario de Presentación

○ Lo primero que debes indicarnos es cuáles son tus preferencias y qué te gustaría encontrar en la fiesta:

- ▶ EN LA AMISTAD PREFIERES Chicos ☐ Chicas ☐
- ▶ EN EL AMOR PREFIERES Chicos ☐ Chicas ☐

○ Ahora debes introducir tus datos generales.

Datos generales

- ▶ Nombre: ______
- ▶ Sexo: ______
- ▶ Fecha de nacimiento: ______
- ▶ E-mail: ______
- ▶ Zodíaco: ______
- ▶ Resido en: ______
  - ▶ Ciudad: ______
  - ▶ Prov/Estado: ______
  - ▶ País: ______

○ Ahore cuéntanos cuáles son tus aficiones, tus gustos, qué haces en tu tiempo de ocio, etc.

Datos sobre tus gustos

- ▶ Te consideras una persona: ______
- ▶ Aficiones: ______
- ▶ Mis gustos:
  - ▶ Comida preferida: ______
  - ▶ Color preferido: ______
  - ▶ Música: ______
- ▶ En mi tiempo libre: ______

○ Descríbete y coméntanos cómo eres.

Datos sobre tu imagen

- ▶ Color de ojos: ______
- ▶ Color de pelo: ______
- ▶ Estatura: ______

○ Por último elige un Login y un Pasword para que puedas acceder siempre que quieras.

Otros Datos

- ▶ Página personal: ______
- ▶ Login de acceso: ______
- ▶ Clave de acceso: ______
- ▶ Confirma tu clave: ______

Nombre: ______________________ Fecha: ______________

4 ¿Qué han hecho este año?

Di qué han hecho este año las siguientes personas, usando el pretérito perfecto. Sigue el modelo.

Eduardo/estudiar mucho
Eduardo ha estudiado mucho.

1. Cristina y yo/aprender a usar la Internet

____

2. Bernardo y sus hermanos/visitar varios países de Europa

____

3. tú/organizar un club de fans de Ricky Martin en nuestra ciudad

____

4. yo/participar en un programa de intercambio

____

5. ustedes/viajar por América del Sur

____

5 ¿Quién lo ha hecho?

Lee las siguientes respuestas y escribe una pregunta apropiada para cada una. Sigue el modelo.

Ana y sus padres han viajado por todo el mundo.
¿Quiénes han viajado por todo el mundo?

1. Soraya ha trabajado en un supermercado este verano.

____

2. Yo he escrito una carta al Presidente de los Estados Unidos.

____

3. Clara y tú han organizado la fiesta de graduación de la escuela.

____

4. Luisa y Armando han estado en un campamento de verano.

____

5. Nosotros hemos comprado una casa nueva.

____

Nombre: ______________________ Fecha: ______________

6 El Club de fans de Elvis Crespo

Lee la información del Club de fans de Elvis Crespo y después contesta las siguientes preguntas.

Club de fans de Elvis Crespo

Nació en la ciudad de Nueva York, el 30 de julio de 1971. A una edad tierna se trasladó a Puerto Rico con su madre.

Siempre soñaba con ser un jugador de béisbol y también con ser integrante del popular grupo Menudo, donde cantaba Ricky Martin.

Fue parte de Grupomanía por un buen tiempo, donde tuvieron muchos éxitos como "Linda Eh", "A que te pego mi manía", "Ojitos bellos" y muchos otros, que se oyeron por todas partes y llegaron a los corazones de todos los fanáticos.

Elvis debuta como solista con el disco que lleva por título "Suavemente", para Sony Discos, un CD completo con mucho romanticismo. El primer sencillo, "Suavemente, llegó al tope de los ránkings de diferentes medios de comunicación.

Con su segundo álbum, "Píntame", entra en el número 49 del Billboard, a pesar de que sólo canta en español.

1. ¿Dónde vivió Elvis Crespo casi toda su vida?

   ____

2. ¿Con qué soñaba Elvis Crespo cuando era pequeño?

   ____

3. ¿Cómo se llaman sus dos álbumes? ¿En qué idioma son?

   ____

4. ¿En qué número del Billboard entró su segundo álbum?

   ____

7 Proverbios y dichos

Di si el significado de cada proverbio es cierto (C) o falso (F).

________ 1. Siempre se sale con la suya. = Una persona que siempre sale con su chaqueta puesta.

________ 2. Me costó un ojo de la cara. = Fue muy caro.

________ 3. Te está tomando el pelo. = Están cortándote el pelo en la peluquería.

________ 4 Eso es chino para mí. = No lo entiendo.

________ 5. ¡Si lo sabré yo! = Todavía no sabes algo, pero un día lo sabrás.

Nombre: ______________________ Fecha: ______________

8 Carta a una estrella

Escribe una carta a tu estrella favorita. Puede ser alguien del mundo del cine, de la canción, del deporte, o de la televisión.

Nombre: ______________________________ Fecha: ______________________

Lección 20

1 Trabajos y aptitudes

Lee los siguientes anuncios de trabajos. Después di qué persona sería la apropiada para cada trabajo. Escribe en los espacios el número del anuncio que corresponda.

1. Se busca traductor de textos, para trabajar en una empresa editorial. Horario flexible. Buen sueldo. Interesados, llamar al 555-6789.

2. ¿Te gustan los animales? ¿Quieres estudiar veterinaria? Practica con nosotros. Necesitamos jóvenes, con ganas de ayudar, para nuestra Clínica Veterinaria. No hace falta experiencia. Trabajo de media jornada o por horas. Tél. 555-0123.

3. Importante empresa de negocios busca asistente para trabajar en el departamento de relaciones internacionales. Grandes posibilidades de superación. Enviar currículum vitae por fax, al 555-4567.

________ 1. A Carlota le gustan mucho los animales. En el futuro, quiere estudiar veterinaria en la Universidad de La Paz.

________ 2. Emilio habla español, inglés y francés. Le gusta mucho escribir. En el futuro, quiere ser escritor.

________ 3. Óscar quiere estudiar negocios internacionales en Madrid. En el futuro, le gustaría trabajar en una empresa internacional y hacer muchos viajes de negocios.

Nombre: ______________________ Fecha: ______________

2 Estudiar español

Pon un círculo alrededor de la palabra o frase que completa mejor cada oración.

1. Tienes que ________ en las instituciones o compañías en las que quieres estudiar o trabajar.
   A. llamar
   B. buscar
   C. estudiar

2. Si sabes español puedes buscar un trabajo en países de habla ________.
   A. árabe
   B. hispana
   C. china

3. Para buscar información sobre estudios en el extranjero, puedes ir ________.
   A. al club de la ciudad
   B. a la oficina de correos
   C. a la Internet

3 Preguntas personales

Contesta las siguientes preguntas personales.

1. ¿Te gustaría ir a estudiar o a trabajar a un país de habla hispana? ¿Por qué?

   ____

   ____

2. ¿En qué trabajos piensas que es útil hablar español?

   ____

   ____

3. ¿En qué tres países hispanos te gustaría trabajar o estudiar?

   ____

   ____

4. ¿Qué te gustaría estudiar o dónde te gustaría trabajar?

   ____

   ____

Nombre: ______________________ Fecha: ______________________

 Trabajos internacionales

Lee las siguientes oraciones sobre el aviso *Trabajos Internacionales* en la Lección 20 de *Somos así LISTOS.* Indica si son ciertas (C) o falsas (F).

________ 1. Para usar los servicios de *Trabajos Internacionales* tienes que ser miembro de la compañía.

________ 2. La compañía busca profesionales bilingües en inglés y francés.

________ 3. Todo el mundo puede acceder a las listas de trabajo de esta compañía.

________ 4. *Trabajos Internacionales* ofrece listas de trabajo en cuarenta campos diferentes.

________ 5. Esta compañía ofrece trabajos en todos los países del mundo en los que se habla español.

________ 6. Se puede encontrar más información sobre la compañía *Trabajos Internacionales* en su página de Internet.

________ 7. *Trabajos Internacionales* es un intermediario entre empresas que buscan trabajadores y gente que no sabe idiomas.

________ 8. En su página web, la gente que no es miembro de *Trabajos Internacionales* también puede encontrar recursos disponibles.

________ 9. La gente que se registra en sus listas de trabajo recibe avisos de trabajo por e-mail todos los días.

________ 10. Muchas empresas que buscan expertos en informática usan los servicios de *Trabajos Internacionales.*

Nombre: ______________________ Fecha: ______________

5 Intercambios en el extranjero

Lee la información del folleto de esta escuela y después completa el formulario de inscripción.

Isla Cristina

Los cursos

Tienen lugar en el colegio público "Ángel Pérez" situado en el centro del pueblo, donde se imparten 20 clases semanales (de 09.30 a 13.00 horas, de lunes a viernes). Existen los niveles de principiantes a avanzado en grupos de 5 a 12 alumnos. Nuestros profesores son licenciados con experiencia que disfrutan con su trabajo. Para aquéllos que no quieren perderse la vida de la ciudad, ofrecemos un curso combinado Sevilla–Isla Cristina de 2+2 semanas.

Actividades culturales

Aparte de las playas maravillosas, ofrecemos por las tardes un programa muy amplio de ocio como, por ejemplo, charlas sobre temas actuales, películas españolas, excursiones, fiestas y deportes. Tenemos instalaciones para la práctica de baloncesto, balonmano y fútbol. También es posible practicar windsurfing, vela, equitación y tenis.

Alojamiento

En familias especialmente seleccionadas, con desayuno o media pensión, o en piso compartido con otros estudiantes, en habitación individual o doble.

El viaje

Desde casi todos los aeropuertos importantes europeos hay vuelos directos o charter a Sevilla (130 km) o a Faro/Portugal (70 km). Desde nuestro colegio en Sevilla habrá todos los domingos anteriores al comienzo del curso por la tarde un mini–bus que te llevará directamente a tu alojamiento en Isla Cristina.

Si llegas a Faro puedes continuar el viaje en autobuses públicos o si lo prefieres te recogemos personalmente en el mismo aeropuerto y llegarás en 45 minutos a tu alojamiento en Isla Cristina.

Costa de la Luz

Cursos de verano en Isla Cristina

Un pueblo pesquero de 17.000 habitantes situado en la Costa de la Luz a sólo 15 km. Limítrofe con Portugal. Un pueblo, todavía por descubrir por el turismo internacional, que dispone de largas y maravillosas playas de arena blanca; el sitio ideal para combinar las vacaciones con el estudio del español.

CLIC Centro de Lenguas e Intercambio Cultural, en colaboración con el Ayuntamiento de Isla Cristina, ofrece cursos de español de alta calidad y alojamiento especialmente seleccionado.

CLIC

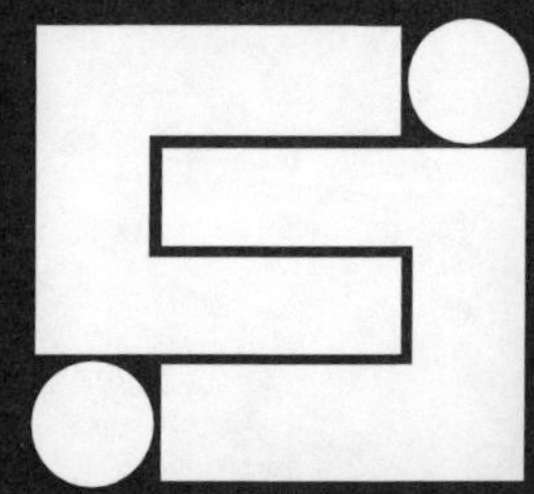

Centro de Lenguas e Intercambio Cultural

CLIC. C/ Alvareda 19. 41001 Sevilla-España TLF.: 954503121 FAX: 954561696 E-MAIL: clic@rener.es

Lugar: [ ]

Curso: [ ]

Clases por Semana: [ ]

Desde: [ ]

Hasta: [ ]

Semanas: [ ]

Conocimiento de Español: [ ]

Alojamiento en Sevilla:

Tipo: [ ]

Alojamiento en Isla Cristina:

Tipo: [ ]

Nombre: [ ]

Apellidos: [ ]

Pasaporte: [ ]

Sexo: [ ] Masc. [ ] Fem.

Calle: [ ]

Código Postal: [ ]

Ciudad: [ ]

País: [ ]

Fecha de Nacimiento: [ ]

Nombre: ______________________ Fecha: ______________

6 Universidades hispanas

Lee la información sobre las siguientes universidades y después escribe un párrafo diciendo a cuál de ellas te gustaría ir, qué te gustaría estudiar y por qué.

Universidad Central de Venezuela
Rectorado

Cursos:

1. Internet: Herramientas de Navegación. Aplicaciones en Investigación y docencia.
2. Creación de Documentos para la World Wide Web.
3. Gerencia de Centros de Investigación.
4. Negociación de Tecnología.
5. Formación de Equipos de Trabajo Autodirigidos.
6. Organizaciones Inteligentes.
7. Solución de Problemas y Toma de Decisiones en Grupo.
8. Reingeniería de los Servicios.
9. Internet para Principiantes.
10. Introducción a Internet.
11. Recursos de Internet para las Ciencias Sociales.
12. Recursos de Internet para América Latina.

Universidad de Buenos Aires

"LA CIUDAD INVITA A PENSAR"
Encuentro pluralista sobre Sociedad, Ciencia y Tecnología

"Concurso: Premio al mejor ensayo sobre las ideas de Cornelius Castoriadis"

Seminario: Planeamiento urbano comparado

Posgrados de la Universidad de Buenos Aires

Carta a los ingresantes a la UBA

UBA XXI – "Servicio de Educación a distancia."

Noticias de UNICEF Argentina

Centro Franco Argentino de Altos Estudios de la Universidad de Buenos Aires

Seminario "Exclusiones"
Módulo I Módulo II

Seminario "Mercadeo Regional Mercosur"
Módulo I Módulo II

CARRERAS ORGANIZADAS POR ÁREA

Las 13 Facultades y el Instituto de Ciencia Política de la Universidad de Chile ofrecen 43 carreras y 23 programas académicos de pregrado, conducentes a un título profesional o a grados académicos de licenciado o de bachiller.

- Agropecuaria
- Arte y Arquitectura
- Ciencias Naturales y Matemáticas
- Ciencias Sociales
- Humanidades
- Salud
- Tecnología

Programa Académico de Bachillerato (en todas las áreas).
Ingreso común, conducente a las siguientes menciones:

- Ciencias Naturales y Exactas
- Humanidades y Ciencias Sociales

Nombre: ______________________ Fecha: ______________

Nombre: ______________________ Fecha: ______________________

7 Planes de estudio

Escribe un párrafo explicando cuáles son tus planes de estudio para el futuro. ¿Vas a estudiar una profesión? ¿Vas a ir a una universidad? ¿Vas a viajar y aprender idiomas?